Nulle
Part
Ailleurs

Nulle
Part
Ailleurs

Nulle Part Ailleurs

歐陸 傳奇 食材

全新修訂版

林裕森 著

Yu-Sen Lin

風土主義者（Terroirist）的
食材書

「每顆芒果都是一部迷你的地方志，抄錄當地的土質、季風和
水……除了香和甜，我還吞進各種經緯的熱帶陽光。」

——蔡珠兒《紅燜廚娘》

　　雖是專以葡萄酒書寫為業的作家，但二十多年的寫作生涯中
卻也常有不務正業的時候，例如在2003年出版了這本關於歐洲
經典食材的圖文書。但有此插曲，實非意外。這本書裡談的每
一樣食材都跟傳統風味的葡萄酒一樣，也都蘊藏著原產地的風
土與人情之味，不單單只是美味好吃，更關鍵的是，這些食材
也可以被當作是用味蕾與嗅覺來「閱讀」的文本。這本書最初
的企圖便是想試著用我從葡萄酒習得的，或可稱為「風土主
義」的方法學來詮釋這些歐洲最珍貴的食材。

　　「Terroir」是一個源自法國的理念，我習慣將它翻成「風
土」，或者更精確地說，是一個具特殊風土條件，可生產出特
有地方名物的產區。跟terroir一樣，形塑風土特性的，除了自
然環境，也包括地方的風俗與人情。雖然來自生產者個人的影
響，也可能轉化這些傳統美食特產的樣貌，但放遠來看，在葡
萄酒的世界中，即使是最特異獨行的釀造者，都很難完全斷開
與原產土地的連結，更何況是這些依據傳統方法製作的歐洲美
食特產。

　　經過二十多年的探索與不斷辯證的過程，我仍然願意相信在
地的風土條件是認識一個地方特產的最佳方式，至少，在法定
產區概念的發源地——歐洲，是如此。那是一種將傳統風土特
產透過制度化的方式予以保護，除了防止冒名仿製，也在一定
的程度上保證了傳統的風味與品質。

站在我自己的角度上看，1998年開始的《酒瓶裡的風景》寫作計畫，是這本食材書的前身，《酒瓶裡的風景》表面上是一本談論布根地葡萄酒的參考書，但真正的企圖卻是想要挖掘出所有可能影響葡萄酒風味的因素，爬梳各種風土條件對葡萄酒的影響。瞭解了這個最複雜難懂的葡萄酒產區，就更能輕易地從產自全球各地的葡萄酒中，探看出原產故鄉的風景。而這本《歐陸傳奇食材》的本意則是用九個歐洲美食特產作為範例，以揭露風土條件與食材風味之間的美味連結。

　　風土也許珍貴，但並非遙不可及，在完成了《歐陸傳奇食材》之後，2003到2005年之間，挑選了9種台灣水果，試圖從風土條件的視角理解島上這些地方名果，為何長出這般驚奇的滋味。最後雖然沒有成書，但從兩年多的採訪歷程中，我深刻體驗到沒有這樣的山水，沒有盤根錯雜的歷史身世，特別是沒有島上這些人面對自然與世局的奇特想法，是絕對結不出像屏南黑珍珠或麻豆文旦，這許許多多極為獨特的世界級珍果。

　　現在回頭再讀十餘年前的舊作，或有年輕懵懂之處，但卻也看到了如今已然消逝的赤子之心，在舊書新編的過程中，都僅止於修訂，盡可能地保留當年在探尋與發現之間，難掩激情的原貌。但不同於往年的是，這些來自歐洲的食材，已經從稀有少見，逐漸地以各式不同的樣態成為日常飲食的一環，在我們的飯桌上占著一個小角落，不只有撒上帕馬森乾酪的義大利麵，也有沾著黑松露醬的蘿蔔糕。但感念最深切的是，風土與人情之味也已經為本島在地食材故事提供了最肥美的養分。

　　在我們已經無力抵擋工業化食品滲透進日常生活的二十一世紀，能看見當年無意間播下的一兩顆小種子在我們自己的島上生根苗壯，雖是寫作生涯裡的小插曲，但無疑地卻是二十多年來最有價值的回報。

目錄

contents

其他圖片提供者

Acetaia Malpighi：P18、P21、P24、P25、P26（右）、P27、P30、P38（下）、P39、P41

Ente Turismo Alba Bra Langhe e Roero：P260

Jacques Cadoret：P51（下圖右、下圖左下）

Jamon de Huelva同業公會：P160（上圖）

葉怡蘭：P151、P153

張維宇：P160（下）

梁鏡蓉：P38（上圖）

謝忠道：P49、P51（下圖左上）、P56、P61、P62-63（下圖）、P69、P92、P108、P124（下）、P125、P192-P195、P197、P199、P203、P205（右）、P207-209、P210（中、下圖）、P211、P213、P215（下圖右）、P218（上圖）、P220（下圖）、P221（上圖）、P222、P261、P230（左圖、右圖）、P234、P239（中、下）、P245、P261、P266、P267（下圖）

給宏德鹽之花

哈布果伊比利生火腿

帕馬森乾酪

侯克霍藍黴乳酪

佩里哥黑松露&阿爾巴白松露

歐陸食材產區分布圖

美味
天成

　　西歐的華美多樣，一半來自文化的精彩與多元，另一半則是得自於既富饒怡人卻又經常精巧變幻的秀麗山水。或者更正確地說，是由這兩者彼此影響交織而成的。同樣的原因，也讓欠缺大山大水的歐洲大陸，產出最豐盛繁華的美味特產。只要略想到西歐葡萄酒與乳酪的風采，那難以估算的無盡種類，在垂涎的同時，心中總要對這片土地多帶上一份敬意。

　　那些分布在歐陸各地的傳統地方食材，常常是在極獨特的自然環境下歷經數百年甚至上千年的演變與淬鍊才得來的，除了美味，還因為同時帶著原產土地的精神與歷史的深度而顯得彌足珍貴。這些食材傳遞著獨一無二，特屬於原產土地與傳統的迷人風味。一把鹽、一塊乳酪、一片火腿或甚至是一滴醋，都可以是一篇僅能用味蕾閱讀的動人故事。

　　在這本書中，一共介紹了九種歐洲最著名，也最膾炙人口的傳奇食材，他們分別來自西班牙、義大利和法國這三個西歐最閃亮的美食國度，各自代表了不同領域裡的美味典範。每一種都是聞名全球的傳奇食物，是數以萬計的歐洲美食特產裡的首選。對於這些食材獨特的歷史淵源、自然條件、傳統生產方法、分類與辨識法、味覺上的特色、如何辨識、類似的特產以及食用或烹調方法都加以詳述。

　　在歷時兩年多的實地採訪過程，我發現這九種美食特產的珍貴之處與共同特點在於他們讓在地的人文和土地巧妙地結合起來，彷如在地風土的完美體現，像是從每個原產土地發根長出來的一般，有著別處無法再造模仿的獨特滋味。

　　產自義大利的**摩典那傳統巴薩米克醋**（Aceto Balsamico Tradizionale di Modena）是全世界最濃郁，香味最豐富，也最昂貴的醋，與一般使用葡萄酒釀成、工業生產、傳統風味盡失的巴薩米克醋完全不同，是一種用久煮濃縮的葡萄汁經過至少12

年或甚至25年以上的木桶培養陳年才能裝瓶上市的陳醋。口感濃稠溫潤，香氣特別醇厚典雅，非常稀有珍貴。

法國布烈塔尼海岸養殖的**貝隆生蠔**（Huître Bélon de Bretagne）是歐洲原產的扁型蠔，現在因為生長不易變得非常稀有。貝隆生蠔在經過數年的深水養殖後，還要再經過河口區的增肥。布列塔尼南岸的貝隆河口有豐富的浮游生物，提供扁型蠔最完美的培育場所，在十九世紀成為歐洲扁型蠔的同義字。當地產的生蠔不僅蠔肉更豐滿，咬感脆爽，而且帶有特殊的碘味與榛果香氣。**布烈斯雞**（Poulet de Bresse）則是法國的美食圖騰，白羽、紅冠、藍足，養在布烈斯平原翠綠的草地上，吃玉米喝牛奶長大，最後再經增肥，養出肥潤多汁又有彈性的美味雞肉。

給宏德濕地是歐洲極北的千年海鹽場，僅有夏季才能晒鹽。有如迷宮般的迂迴鹽池，配合風和太陽，在特殊的溫度和海水濃度下，在鹽水表面結晶成飄浮於水面的**給宏德鹽之花**（Fleur de sel de Guérande）。這是一種純白潔淨，特別細緻的天然海鹽，帶有一點海水的氣息，添加在熱騰騰的食物上還會散發紫羅蘭般的香氣。 西班牙人嗜吃整隻連蹄帶骨的生火腿，最頂級的是用放養在樹林中吃橡木子增肥的伊比利豬所做成的伊比利生火腿，其中又以在西葡交界的哈布果村風乾熟成的**哈布果伊比利生火腿**（Jamón Ibérico de Jabugo）最為著名，靠著當地特殊氣候，僅以海鹽調味，在通風的地方放上一年半到兩年，就可以製成世間最美味的火腿。一片現切的頂級伊比利生火腿薄片，滿布著乳白色、密如蛛網的油花，散發著細緻的榛果香味，柔嫩得足以溶於口中，豐盛的滋味佔滿味蕾，餘味久久不散。沒有其他生火腿可以有這麼特別的味道和口感，那麼的渾然天成。

帕馬森乾酪（Parmigiano-Reggiano）是義大利最受歡迎的乳酪，已經有近八百年的歷史。原料是帕瑪省和鄰近地區的新鮮牛奶，需要三十幾公升的牛奶才能製成一公斤的乾酪。經過數年的窖藏培養，成熟的帕馬森乾酪有迷人的乾果香氣，以及如

豆沙般粗鬆卻又圓潤甜美的獨特質感。是全世界最知名也最美味的乾酪。除了單吃，也可削成薄片或磨成粉，成為義大利料理不可或缺的調味料。

侯克霍藍黴乳酪（Roquefort）是全球最著名的藍黴乳酪，採用高原台地上的拉貢勒（Lacaune）綿羊奶，在法國中央山地南邊侯克霍村內的洞穴中培養而成。地洞中特殊的溫、濕度讓乳酪內部的縫隙中長滿特殊的黴菌，讓乳酪培養出獨特香氣與極盡圓滑豐潤的華麗口感。

松露因稀有而昂貴，且充滿傳奇，是歐洲頂級菜肴的象徵。松露其實是一種生長於地下的菌菇，對環境很挑剔，很難人工繁殖，而且需靠狗或豬來尋找，很難量產。有著濃烈香氣的松露，生食時有非常特別的脆爽咬感，被許多美食家視為珍饌。各種松露種類中，最著名的是產於法國西南部與普羅旺斯的**佩里哥黑松露**（Truffe noir du Périgord），只產於冬季，周皮長有鱗片般的突起，成熟時，顏色會變成深黑色或黑褐色，因此被稱為黑松露，帶有麝香、蕈菇、濕地、熟爛的草莓以及濕稻草等氣味。而義大利東北部皮蒙區產的**阿爾巴白松露**（Tartufo bianco di Alba）更為稀有，價格也更昂貴。外皮和內部都是乳白色，香味接近蒜頭、小洋蔥，甚至有一點乾酪的味道，有更細緻的脆爽質感。

這一份名單確實過於簡短，例如橄欖油的品項就因為不知如何在Chianti Classico、Riviera Ligure、Nyons、Les Baux de Provence、Baena及Priego等眾多產區中做一抉擇而作罷。因為其他考量而缺席的還包括了法國的肥鵝肝、西班牙的番紅花、挪威的燻鮭魚與醃鱈魚乾、裏海魚子醬、托斯卡納的牛肝蕈等等，但這些都無損這九項經典食材在歐洲美食上的重要意義。它們能夠如此受到推崇，成為聞名全球的傳奇，都絕非偶然，不只匯集了人文與自然，歷史與地理的無數因素才得以誕生，但只要在漫漫歷史中發生一點意外就可能消失無蹤。

即使在原產的土地上，這些食材常常顯得如此自然天成，但卻又是即便刻意費盡心思安排也無法複製。在法國中央山地南

邊的貢巴魯山，如果沒有兩億年前因地殼錯動所形成的斷崖與崩坡，如果沒有那些風洞，沒有第一塊遺忘在洞穴中而長出藍黴的綿羊乳酪，如果村子附近只產牛奶，如果洞穴中的濕度不足以長出藍黴，如果在1925年沒有建立制度保護成本較高的傳統做法，我們今天就不會有機會吃到法國的乳酪之王「侯克霍藍黴乳酪」了。

即使是如此難得的奇珍美味，這些頂尖的食材並非完全高不可攀，僅有極少數的人才有機會品嘗。白松露應該算是少數的例外，因為實在太稀有了，是不折不扣的貴族食品。但是其他幾樣食材在原產國即使比其他同類食材來得貴，都還算是一般人也負擔得起，即使再不濟，每年在特殊的日子也能吃上幾回。甚至，有些還稱得上是國家美食的基石，例如帕馬森乾酪之於義大利菜就如同醬油在中國菜裡所扮演的角色那般重要。而在西班牙，如果沒有伊比利生火腿，大概所有酒館都要關門了。這些美味特產的內涵並不僅止於附庸風雅或充滿矯揉造作的品味格調，而是屬於義大利或西班牙人在生活裡，最真實的美味經驗與共同記憶。

也許是一隻還帶著布列塔尼海水的貝隆生蠔，一瓶來自公爵府百年醋桶裡的摩典那傳統巴薩米克醋，也可能是一顆普羅旺斯松露獵人和他的狗在橡木林裡找到的黑松露，或是那如泡沫飄浮在水面上，由大西洋海水結晶成的鹽之花，在品嘗這些美味特產的同時，我意外地發現了一條捷徑，直通往那美不勝收的歐洲大陸。

法定產區

最早由法國開始，現在西歐各國已經為他們這些美食特產建構了鉅細靡遺的保護制度，包括產區範圍、原料、製法、培養、分級等等細節都列入法定產區的生產法之中，讓真正的傳統美味不會在商業需求主導一切，而流行周期越來越短的時代完全失去珍貴的傳統特色，也讓一窩風的仿冒品無所遁形。法國的AOP、義大利的DOP以及西班牙的DOP都是類似的法定產區制度，現在更由歐盟整合成統一完整的「法定產區農產品」保護制度，一方面要求這些傳統特產必須來自特定的產區範圍，而且必須遵循制定的傳統生產方法，並符合一定的品質要求，通過獨立且專業的委員會品嘗。這本書中的九種傳奇食材，超過一半以上，包括摩典那傳統巴薩米克醋、布烈斯雞、哈布果伊比利生火腿、帕馬森乾酪和侯克霍藍黴乳酪等，都屬於歐盟法定產區等級的農產品。

歐盟傳統農產品的保護制度與各國譯名縮寫				
中文	英文	法文	義大利文	西班牙文
法定產區農產品	PDO	AOP	DOP	DOP

Chapter 1

摩典那
傳統巴薩米克醋

Aceto
Balsamico
Tradizionale
di Modena

摩典那的製醋傳統深植在每個家族製醋的閣樓裡，最美味的醋都是來自婦女們代代相傳，為全家人所精心釀造的巴薩米克醋。那一桶桶家族傳世的百年醋桶裡，每一滴醋，都留存了一份先人的遺愛。這世上，很少有東西能比這樣的情感更珍貴，也許，正是這份因時間而累積成的傳承感，加深了傳統巴薩米克醋的迷人滋味。

閣樓上的
百年醋香

1994年我參加在維羅那（Verona）舉行的義大利國際酒展（Vinitaly）時，第一次品嚐到來自雷吉歐－艾米里亞省（Reggio-Emilia）的Extra Vecchio（特陳）金標傳統巴薩米克醋（Aceto Balsamico Tradizionale），濃稠如熱巧克力般的黑色液體，由一個玻璃小瓶緩緩地流入為我準備的瓷製茶匙裡，看來只有1-2c.c.那麼多，但遠遠地，我已經聞到一股混合著梅子、燻木與香料的醇美醋香了，我把茶匙連醋含入口中，真夠濃稠，像極了濃縮數倍的烏梅原汁。

這真的是巴薩米克醋嗎？為何跟我嚐過的巴薩米克醋全然不同？即使是那些號稱15或20年的陳年巴薩米克醋，都不及其十分之一的濃度。陳醋的味道開始擴散開來，在溫潤圓滑的口感裡，我感覺到非常強勁的酸，但卻一點也不刺激，像是被困在發黃相片裡的影像，少了一點鮮明和景深，但卻顯得更溫暖厚實，一種只有時間才能蘊釀出的氤氳氣息。

雖然只是小小一口，我瞬間瞭解到，這才是許多美食書上描述的傳奇巴薩米克醋，我以前喝的都僅是平凡無奇，產自摩典那的一般葡萄酒醋罷了。一個月之後，我前往艾米里亞－羅馬涅區（Emilia-Romagna）參觀當地的葡萄酒產區，在品嚐完冒著紅色泡沫的Lambrusco之後，一時衝動，花了一星期的伙食費買了一瓶100c.c.的Extra Vecchio特陳等級的傳統巴薩米克醋。我一直記得之後因為連吃了一個月的番茄肉醬Pasta而對義大利麵感到噁心，但也一直忘不了這瓶醋在往後的一年裡，神奇地讓無數簡單的食物變得精彩美味。

7年後，我總算可以利用順道訪問帕馬森乾酪的機會，在摩典那住了2個星期，親身探尋傳統巴薩米克醋的美味源頭。在許多傳奇的背後，我發現摩典那的製醋是深植在每個家庭製醋的閣樓裡，最美味的醋都是來自婦女們代代相傳，為全家人所精心

因為珍貴，每一滴傳統巴薩米克醋都不能浪費，特製的巴薩米克醋瓶可以精確地倒出每一滴醋。

在這一小匙Extra Vecchio傳統巴薩米克醋裡，蘊含數十年時光才積累成的濃縮滋味。

製造的巴薩米克醋。那一桶桶家族傳世的百年醋桶裡，每一滴醋，都留存了一份先人的遺愛。這世上，很少有東西能比這樣的情感更珍貴，也許，正是這份因時間而積累成的傳承感，加深了巴薩米克醋的迷人滋味。

巴薩米克醋
的歷史

　　雖然有不少傳說，但是關於巴薩米克醋的起源已經不可考，沒有人知道何時開始出現這樣美味的醋。不過大部分的人都同意，巴薩米克醋可能和本地一種稱為Saba的醬汁有關。Saba是用煮過的葡萄汁製成，在摩典那城裡的美食鋪偶爾還可以找到，常用來加在甜點上增添酸味與甜味。Saba已經有600年以上的歷史，特別是在糖還沒有大量出現的時代，常被用來增加食物的甜味，在更早的羅馬時期（西元一世紀之前），就已經有用煮過的葡萄汁來做菜的紀錄，這可能就是Saba的前身。

　　裝在木桶裡的Saba如果保存不當，很容易發酵並且醋化，成為帶著酸甜滋味的醋，如果這桶醋又被遺忘在閣樓裡，經年累月地蒸發濃縮，十多年以後不小心被後人發現了，自然就成為口感濃稠、香味四溢的陳年老醋。所以，巴薩米克醋似乎不太需要發明就可以自然產生。

　　有關巴薩米克醋最早的歷史紀錄在十一世紀，出自於一位本篤會教士多尼佐內（Donizone）為當時博尼法西奧・迪卡諾薩（Bonifacio di Canossa）侯爵的女兒馬蒂爾（Contessa Matilde di Canossa）所做的傳記。記載：1046年德意志國王亨利二世（Heinrich II）前往羅馬受封為皇帝，路上曾經停留在皮亞琴察（Piacenza），他向在雷吉歐－艾米里亞和摩典那地區擁有領地的博尼法西奧侯爵，要了一桶據說在當時非常著名的醋。文中並沒有提到Balsamico這個字，但在西元1100年左右，在雷吉歐－艾米里亞附近就已經存在一種稱為Balsamo的醋。所以很多人相信侯爵送給亨利二世的就是巴薩米克醋。

　　早期的巴薩米克醋主要用於醫療用途，並不做為調味品。例如一位摩典那的醫師，在治療與防治鼠疫的解藥中就添加了許多的醋。

摩典那主教教堂捕魚門（Porta della Pescheria）上的十二世紀石雕。描述10月分葡萄農將釀成的酒或醋放入木桶中培養的情景。

摩典那城裡的Via Farini大道,盡頭即
是舊時的艾斯特公爵府,府內西側塔
樓內設有專用的醋廠,曾存有大批珍
貴的巴薩米克醋。

貴族的贈禮

真正影響巴薩米克醋最深的應該是歷任的艾斯特公爵(Duchi
d'Este)。艾斯特公爵原本建基於摩典那東北邊的費拉拉
(Ferrara),在西元1208到1598年的統治期間,禮聘許多文人及
藝術家,將費拉拉建設成文藝復興的文化重鎮,公爵府內充滿
著文化與藝術,也同樣滋長著美味的根苗,在1228年,奧比佐
二世(Obizzo II)在位期間,府內就已經開始以木桶培養珍貴
的醋。1467年阿方索一世(Alfonso I)繼位,巴薩米克醋的發展
更為蓬勃。府內建有醋廠,並且經常作為禮物贈送給親友、王
室與貴族。

西元1598年,費拉拉被併入教皇國,艾斯特公爵的宮廷只
好遷往摩典那。公爵府製醋的技術與傳統也跟著被帶到摩典那
來。醋廠(Acetaia)設在公爵府的西側塔樓上,生產的醋僅供府
內自用或做為餽贈的禮物。巴薩米克醋由原本的藥材也開始逐

漸轉變成飯後喝上一小杯的消化酒，並且開始被當成調味料使用。

1796年法國大革命後，摩典那曾隸屬於法國拿破崙政權的管轄範圍，公爵府塔樓的醋桶因此被法國政府拍賣，而有一部分流入民間。1814年拿破崙失勢之後，艾斯特家族繼續管理摩典那市，直到1859年才納入統一的義大利。當年皇帝維托里亞諾・艾曼紐二世（Vittorio Emanuele II）和首相加富爾（Cavour）一同到摩典那巡視，在參觀過醋廠後，將這批珍貴的巴薩米克醋遷往義大利皮蒙區的Moncalieri城堡，可惜後來因為疏於照料而消失殆盡。在十九世紀時，摩典那已經建立起製作巴薩米克醋的傳統，並且有明確的製作技術，和我們現在喝到的傳統巴薩米克醋有幾乎一樣的風味。

大部分的傳統巴薩米克醋廠因為規模和產量都很小，培養醋的地方大都直接位在自家的屋頂閣樓裡。

工業化生產

二十世紀的七〇年代末期，巴薩米克醋開始在美國流行起來，並且蔓延到全世界，摩典那的醋業也跟著興起，由於傳統的巴薩米克醋製作耗時，而且價格高昂，一般的醋廠為了滿足市場強大的需求，於是捨葡萄汁，改採用葡萄酒為原料來製醋，在培養上僅經過短暫的大型木桶培養，並添加焦糖染色，讓顏色近似老醋。

今天，我們在全球各地的超級市場裡所看到的廉價巴薩米克醋，都是屬於這種工業化生產的酒醋，年產量超過三千萬瓶。這樣的醋和其他地方所生產的葡萄酒醋並沒有太大的差別，有時候還更差，現在甚至在義大利以外的國家，也開始生產起巴薩米克醋了。這股巴薩米克醋的流行風潮卻讓製醋傳統受到威脅，1986年傳統巴薩米克醋法定產區（Denominazione di origine protetta，又簡稱為D.O.P.）成立之後，才讓這種珍奇獨特的醋得到應有的保護，並且為傳統的品質提供保證，現在每年的產量只有2,000公升。自2009年開始，非傳統釀法的摩典那巴薩米克醋（Aceto Balsamico di Modena）成為IGT等級的產區，有一些較鬆散的規範，但仍可使用葡萄酒製醋，也可添加焦糖調色。

以醋聞名的
摩典那

在義大利，省分的名稱通常和首府同名，摩典那是一個有17萬人口的中型城市，同時也是義大利95個省中的一個，有63萬省民，和雷吉歐－艾米里亞、帕瑪（Parma）、波隆那（Bologna）、費拉拉等其他9個省分共同組成艾米里亞－羅馬涅區（Emilia-Romagna）。

摩典那省南北長100公里，北邊是平坦肥沃、海拔僅有20公尺的波河（Po）平原，盛產穀物、水果、豬和乳製品。南邊進入亞平寧山區，省內最高峰M. Simone，海拔達2,165公尺，是義大利中部的滑雪 勝地。東西僅寬30公里，分別和波隆那以及雷吉歐－艾米里亞隔鄰，建於西元前187年的羅馬古道「艾米里亞

摩典那市政府前的大廣場（Plazza Grande）是舊城的中心。廣場中央是以玫瑰石蓋成，十二世紀羅馬式教堂的傑作——摩典那主教教堂。

大道」（Via Emilia）從中穿過，連接摩典那市和附近的主要大城，是省內人口最密集的地區。雖然面積只有2,700平方公里，但是省內卻有相當多變的自然環境。

摩典那的氣候屬於大陸型與地中海型氣候的混合。有大陸型氣候冬冷夏熱的特性，冬季多霧也經常下雪，夏季炎熱乾燥，最高溫達38℃。

而地中海型氣候的影響讓本地在春秋季多雨，但夏季卻特別的乾燥。這樣冷熱與乾溼的變化對巴薩米克醋的培養熟成有很重要的影響。

摩典那人口密集，是全義大利最富有的省分之一，也是法拉利（Ferrari）和瑪莎拉蒂（Maserati）等頂尖名牌跑車的生產地。稱得上義大利美食之鄉的摩典那，特有的美食名產更是吸引人，其中有許多是名聞全球的產品，名氣不輸法拉利跑車。除了巴薩米克醋外，本地也是帕馬森乾酪的產區之一；又例如風味獨特，以紅酒釀成的氣泡酒Lambrusco也產自摩典那；還有豬腳香腸Zampone，以及Tortellini餃子等等，這些經典的義大利名菜也都起源於摩典那。

有如此豐富多樣的美食並非意外，因為摩典那人，或者應該說整個艾米里亞－羅馬涅區的人對美食充滿著無比的熱情，對吃的東西特別講究，也是本地的傳統，不論在摩典那城內9月20日廣場（Piazza 20 Settembre）上的中央市場或是城裡各處的熟食店、火腿鋪，以及新鮮義大利生麵店，都可以找到全義大利最精緻的美味特產。

有趣的是，摩典那以醋聞名，但外來的遊客並不太容易找到賣醋的店，因為對本地人來說，最美味的醋就在自家閣樓的醋桶裡。

左：摩典納的傳統巴薩米克醋在風味上完全不同於一般常見的巴薩米克醋。

右：摩典那以醋聞名，但遊客並不太容易找到，因為對本地人來說，最美味的醋就在自家閣樓的醋桶裡。

摩典那傳統巴薩米克醋產區圖

曼多華省
PROV DI MÁNTOVA

曼多華
Mántova

維羅那
Verona

mirándola

Finale Emilia

Carpi

雷吉歐－艾米里亞省
PROV DI RÉGGIO

雷吉歐
Réggio nell'Emilia

費拉拉省
PROV. DI FERRARA

費拉拉
Ferrara

摩典那
MODENA

Castelfranco Em.

波隆那
Bologna

Spilamberto

Castelvetro

M. S.Giúlia

Vignola

FRIGNANO

Guiglia

Zocca

波隆那省
PROV DI BOLOGNA

M.Madino

Alpesigola

Monfece

Castelnuovo di Gart.

APPENINO亞平寧山脈

M.Cimone

盧卡省
PROV DI LUCCA

M.Giovo

Bivio Lucca-Pistóia

比斯多拉省
PROV DI PISTOLA

義大利

雷吉歐－艾米里亞
傳統巴薩米克醋

Aceto Balsamico Tradizionale di Reggio-Emilia

緊鄰摩典那省西面的雷吉歐－艾米里亞省內也出產傳統型的巴薩米克醋，雖然產量、規模與名氣都不如摩典那，但事實上當1862年義大利成為統一國家時，摩典那和雷吉歐－艾米里亞才被分成兩個獨立的省分，在過去，他們一起分享了巴薩米克醋的傳統。

從1986年開始，雷吉歐－艾米里亞也和摩典那一樣成為傳統巴薩米克醋的D.O.P.法定產區，但只有七家醋廠做商業生產，且大部分都位在鄰近摩典那的村鎮，現在已擴增到二十餘家裝瓶銷售，Cavalli是其中最重要的一家，1995年我購買的第一瓶傳統巴薩米克醋，即是Cavalli出產的金標Extra Vecchio。

雷吉歐－艾米里亞的傳統巴薩米克醋也有自己特有的瓶型，像是一個倒過來的鬱金香形酒杯，以軟木塞密封，只有經過醋業公會認證合格的醋才能在軟木塞上綁棉線固定，並且蓋上「AB」縮寫字樣的蠟封。

不同於摩典那分成兩級，雷吉歐－艾米里亞的巴薩米克醋分成三級。紅色標籤大約等同於Affinado（12年以上），銀色標籤則介於Affinado和Extra Vecchio之間（約15到20年），金色標籤約等於Extra Vecchio（25年以上）。

從葡萄
到醋

非傳統型的巴薩米克醋是直接採用葡萄酒製作,而傳統的巴薩米克醋則是用葡萄汁,依據規定,還必須採用摩典那省境內所生產的特定品種葡萄。

葡萄品種

製作巴薩米克醋最主要的葡萄品種,是義大利種植相當普遍的白葡萄Trebbiano(鐵比亞諾),在法國又稱為Ugni-Blanc,是釀造干邑白蘭地(Cognac)最重要的葡萄品種。這個品種生長容易,產量高,糖分也高,味道簡單清淡,很難釀出高品質的葡萄酒,但卻是製醋的最佳品種。因為在整個製程中,葡萄汁會不斷地濃縮,而醋需要味道比較中性的葡萄,以免味道過重。自十六世紀起,本地還有一種Trebbiano葡萄的別種,稱為Trebbiano di Spagna,產量比較低,但有較多的香味,偶爾用來製醋,但已相當少見。

摩典那也盛產一種黑葡萄Lambrusco,主要用來釀造氣泡紅酒。有的醋廠也會添加一些Lambrusco葡萄來製造巴薩米克醋。Lambrucso也有許多別種,最著名的是Lambrusco Gasparossa和Lambrusco di Sorbara。除此之外,依據法令規定,本地還有Spergola、Berzemino和Occhio di Gatto等3種葡萄品種可以用來製醋,這是當地特有的品種。

有許多醋廠堅持僅採用Trebbiano葡萄,但也有強調混合多品種以做成更豐富多變的巴薩米克醋。摩典那城附近,位在肥沃的波河平原區,有許多葡萄園和穀物與果樹比鄰而居,只有往南邊到卡斯特維卓(Castelvetro)和維尼奧拉(Vignola)附近才開始有種植於山坡上,條件比較好的葡萄園。由於製作巴薩米克醋的葡萄汁不僅要熬煮多時,還需要陳年十多年到數十年的

Trebbiano葡萄雖然是平凡的釀酒葡萄,但卻是釀製傳統巴薩米克醋的最佳葡萄品種。

時間，所以原料葡萄並不像一般葡萄酒那麼講究，不論是平原區或丘陵地產的葡萄都適合用來製作傳統的巴薩米克醋。

煮葡萄汁

採收之後的葡萄必須馬上進行去梗破皮，然後榨汁。為了防止葡萄汁開始發酵，通常一榨完汁，便馬上展開煮葡萄汁的工作。簡單地過濾之後，葡萄汁放入不鏽鋼製的煮鍋內，開始緩慢費時的煮汁過程。傳統採用銅鍋來煮，燒的是炭火，現在則用瓦斯。

每一家醋廠都有各自煮葡萄汁的方法，溫度與時間的控制也各不相同。以Acetaia del Cristo的女廠主艾麗卡（Erika Barbieri）為例，她認為一開始火稍微大一點，溫度控制在90-95℃之間，先濃縮約半小時之後再降溫至80-85℃之間繼續緩慢地熬煮。視葡萄汁的情況蒸發三分之一到三分之二的容量。如果火稍大一點，不用10小時就能蒸發三分之一的葡萄汁。但如果用慢火，要蒸發三分之二的葡萄汁大概得煮上一天半的時間，Erika說她們最長煮過40小時。

煮完之後的濃縮汁會含有30-70%左右的糖分。有些醋廠認為不要煮太濃，讓濃縮汁在桶中培養的過程再慢慢蒸發，也有醋廠刻意煮成有濃有淡，方便調配。

發酵與醋化

煮完的葡萄濃縮汁在冷卻之後，要先放入數百公升的大型橡木桶中儲存數個月，這些木桶被稱為母桶（Botte Madre），因為是傳統巴薩米克醋誕生的地方。在這個階段，雖然葡萄汁內的糖分非常濃，但是仍有一小部分的糖會在酵母的作用下開始發酵，因為糖分實在太高，通常僅發酵到5-6%的酒精濃度，酵母就無法再繼續運作。

由於橡木桶沒有完全裝滿葡萄汁，也不會添加二氧化硫保

Lambrusco葡萄除了釀成氣泡紅酒，也用來釀造巴薩米克醋，為Trebbiano葡萄增添風味。

護，所以不僅會開始氧化，葡萄汁中的酒精也會在醋酸菌的作用下轉變成醋。這個時候的醋品嚐起來並不可口，甜味也不高，只有刺鼻的醋味以及咬口的酸味。還需要再等上十多年才能變成傳統的巴薩米克醋。

摩典那主教教堂十二世紀石雕。描述9月分葡萄農採收後，踩踏葡萄，煮汁釀醋。

培養醋的木桶

　　傳統的巴薩米克醋必須在木桶中培養相當長的時間，培養的方法非常特別，每一套醋桶都是由大到小不同規格的木桶構成，和一般儲存葡萄酒的統一尺寸不一樣，大部分的醋廠都有數十種不同尺寸的大小木桶，最小的常常僅有10公升，最大的很少超過80公升。

　　培養葡萄酒以橡木桶為主，但巴薩米克醋桶則可採用7種不同樹木的木桶。摩典那地區的森林有許多不同的樹木，本地的木桶廠就地取材，運用不同木材做成培養巴薩米克醋的木桶。

數百年經驗的累積，有7種木材被認為最適合用來儲存醋，包括橡木（rovere）、栗木（castagno）、榕木（gelso）、櫻桃木（ciliegio）、杜松木（ginepro）、桑木（frassino）及洋香槐木（robinia）。

為了讓巴薩米克醋有更豐富的香氣，大部分的醋廠會根據喜好選擇數種不同木材的醋桶混合使用。每一種木材都有不同功能，其中櫻桃木最為討喜，常為巴薩米克醋帶來迷人可愛的果味，而杜松木桶則會為巴薩米克醋帶來濃重的味道，口感也比較粗獷，略帶一點澀味。相較起來，橡木和栗木桶就比較中性一點，並不會為醋帶來特別明顯的香味，反而有比較協調勻稱的風格

一般醋廠都會有4、5種不同木材做成的醋桶，比較傳統保守的會用較多的橡木和栗木。每一種木頭的構造與特性不同，一般橡木和栗木會被用來製成較大的醋桶，用來存放比較年輕的醋，櫻桃木通常是中型的木桶，至於杜松木和桑木則主要製成小型的木桶，為進入最後熟成階段的巴薩米克醋添加特殊的風味。

傳統的醋廠都是混合多種木桶，但Acetaia del Cristo卻有比較新潮的嘗試，分別推出純櫻桃木與純杜松木的傳統巴薩米克醋，前者柔和多果味，後者粗獷強勁，有非常奇異的驚人風格。

現在摩典那只剩下兩家木桶廠，Grandini Pietro和Renzi，每年生產上千只的木桶，全都是手工製作。除了製造新桶，木桶廠另一個重要任務是替醋廠修補舊桶，特別是一些已經有百年歷史的老桶，裡面裝的巴薩米克醋每一滴都非常珍貴，絕對不能滲漏。

巴薩米克醋的培養

木桶培養的階段是巴薩米克醋最重要，也最耗時的工作，從開始製作，至少要等12年以上才能上市。一般培養巴薩米克

培養巴薩米克醋最佳的地點是在閣樓上，因接近屋頂，溫度隨季節變化，在夏熱冬冷與冬溼夏乾的變化間，加速巴薩米克醋的熟成。

醋必須採用一組4到8個的木桶，有時甚至要十多個木桶組成一組。同一組的木桶，其大小依比例遞減，最大的木桶容量大約50到80公升，然後逐漸縮小，最小的桶子大多只能裝十幾公升的醋。這樣一組木桶稱為「Batteria」，是生產傳統巴薩米克醋的基本單位，通常依醋廠主人的喜好選用多種木材製成的木桶。培養巴薩米克醋最佳的地點是在閣樓上，因為接近屋頂，溫度不如屋內穩定，會隨著季節有很大的變化，在夏熱冬冷與冬溼夏乾的變化間，加速巴薩米克醋的熟成。通常醋廠會在夏天打開窗戶讓空氣流通，加速醋的蒸發。

醋桶通常不能密封，僅蓋上布防蚊蟲。有時也會放置石頭，以檢測醋化過程是否順利。

· 建立一組醋桶

　要建立培養巴薩米克醋的成套木桶需要至少12年以上的時間，第一年是準備期，先將全新的木桶裝滿葡萄酒醋，以清洗掉新桶的味道。隔年倒掉酒醋汁後，就可以開始裝入開始醋化的葡萄汁了。每一組醋桶都標有公會的證明，確定醋桶開始運作的時間。

· 全然氧化的培養法

　不同於一般葡萄酒在橡木桶內培養時會將木桶完全裝滿，甚至以塞子封蓋起來以防止氧化，培養巴薩米克醋時，採用完全相反的作法。首先，木桶只裝四分之三的醋，留下許多空間讓醋與空氣接觸，隨著水分的蒸發讓醋變得更濃縮，酸味更高。同時隨著氧化作用，醋的香味變得更香醇豐富。為了達到這樣的效果，一般醋桶都不加蓋，只是在桶口上蓋一條白布隔離被醋香引來的蟲子。

· 添桶

　開始醋化的葡萄汁倒入醋桶後，每年最主要的工作就是添桶。由於醋沒有密封，一開始每年大約有10到15%的醋會被蒸發掉。為了添補蒸發掉的部分，讓醋桶始終維持四分之三滿，每年到了冬天時就要進行添桶的工作，Villa di Corlo的女莊主告訴

我，選擇冬天主要因為冬季是醋休眠的時刻，夏季天氣炎熱乾燥，巴薩米克醋正在進行醋化與蒸發的作用，最怕受到驚擾。

添桶最重要的原則是讓最小的木桶保有最成熟的醋，所以添桶時，先從次小的桶子裡抽出一部分的醋，加到最小的醋桶裡，接著再從次次小的桶子抽出一部分的醋到次小的醋桶，以此類推，最大醋桶的空缺就加入前一年剛採收，已經開始醋化，熬煮過的葡萄汁。這樣的添桶方式和西班牙雪莉酒的Solera混合方式類似，只是需要的時間更久。

添桶的工作每年冬季都要重複一次。隨著時間的增加，因為蒸發，桶裡的醋也變得越來越濃，同時醋中的甘油含量也持續增加，讓口感更圓潤，香味也變得更濃郁，木桶的香味也開始跟著被溶入醋內，越來越多的脂類物質也讓醋香的變化更豐富。雖然醋化的過程以極緩慢的速度進行，但醋的酸味和氣味也隨著時間變得越來越溫潤和諧。

‧12年後

這樣過了12年，如果醋的成熟情況不錯，就可以開始生產傳統巴薩米克醋了。取醋的最佳時刻在冬季，因為寒冷的天氣讓沉澱的效果變好，取出的醋會比較澄清透明。依照規定，只能從最小的木桶內取出幾公升的醋來，送到公會品嘗檢定，如果不合格必須再放回木桶中繼續培養。每組醋桶每年取出的都僅是整個醋桶的1%到2%的容量而已，通過檢定的醋就可以稱為摩典那傳統巴薩米克醋（Aceto Balsamico Tradizionale di Modena），

添桶由小至大：

梣木桶

桑木桶

櫻桃木桶

栗木桶

橡木桶

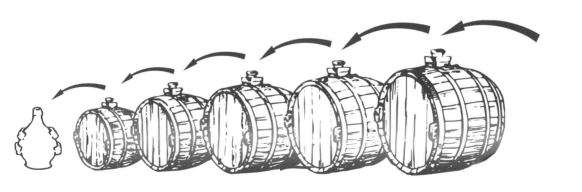

本地人習慣將這種等級的醋稱為Affinado。取出幾公升的醋之後，就要再繼續進行添桶的程序，跟之前的方法一樣，將每個木桶裝滿四分之三。每年冬季都可以再取出幾公升的醋來。

· 25年之後

　　隨著時間的推進，木桶裡的醋越來越濃縮，香味也越來越豐富，由於醋的濃度已經非常高，蒸發的速度也會減緩，在最小的桶裡即使不蓋桶，每年也僅蒸發4-5%而已。到了25年之後，醋廠可以考慮將這組醋用來生產「Extra Vecchio」（特陳）等級的醋，不過對於特陳的巴薩米克醋，評審的品質要求更嚴格，所以並不是所有超過25年的醋桶組都可以生產Extra Vecchio，醋廠會精挑水準最高的Batteria，實際的年齡常常都是3、40年，有些甚至超過百年。

培養巴薩米克醋採用一組4到8個的木桶，大小依比例遞減，最小的桶子大多只能裝十幾公升的醋，這樣一組木桶稱為Batteria，是生產傳統巴薩米克醋的基本單位。

· 有生命的Batteria

　　雖然Affinado的醋標榜製程是12年，但其實並不是每一滴都超過12年，例如一組6個木桶組成的Batteria，因為每年都會在最大的桶裡加入新的葡萄汁，所以經過6年的添桶之後就會有一小部分的葡萄汁進到最小的木桶裡，雖然所佔比例非常小，小桶內的醋平均年齡也可能超過20年，但畢竟有一部分不到12年。我想，這是巴薩米克醋最被誤解的地方，但是巴薩米克醋之所以如此精彩的原因也在這裡。

　　雖然傳統的巴薩米克醋比所有的醋都來得濃、陳，但並不是越濃的醋就越好，也絕不是越老的醋就越美味。每年添入新的葡萄汁可以讓醋化的過程一直維繫，同時也能為老醋增添一點清新的風味，有更均衡的口感和極豐富的香氣。

　　所以一組好的醋桶必須是「活的」，要不斷有新的醋加進來，這樣Batteria即使相當老了，也還能再繼續活下去，生產出來的醋才能夠在濃稠中表現均衡，散發迷人的陳年醋香，而巴薩米克醋最難得的地方其實是在這裡。

巴薩米克醋的桶邊品嘗，是將醋滴在手腕和拇指連接的凹處，聞過香味後再吸入口中。

品嘗檢驗與裝瓶

醋廠認為已經可以上市的巴薩米克醋，必須再經過專家的品嘗認可。這些醋必須全裝進貼上封條的容器運到公會，等約有6批醋送到之後，再邀集5位具有斯皮蘭貝托（Spilamberto，巴薩米克醋名鎮）傳統巴薩米克醋協會「品醋大師」（Maestri Assaggiatori）身分的評審進行蒙瓶試飲。

品嘗的容器是一只圓球狀、有細頸的玻璃杯，方便觀察顏色和聞香，旁邊還需要一根蠟燭方便觀察顏色，另外還有一支白色的瓷製小湯匙用來品嘗。

評分的標準共分為4大類13項，在視覺部分，傳統的巴薩米克醋必須非常濃稠，顏色最好是深棕紅，且要通透明亮不能渾濁。在香味上不僅要濃郁，更要細緻多變、強勁持久，而且有均衡的醋酸味。口感的要求則更加複雜，要有豐厚結實、強勁豐富、協調和諧，以及均衡的酸味。最後還要評定餘香與餘味是否綿長協調而多變。滿分是400分，12年的Affinado必須平均超過229分以上才算通過檢驗，而25年以上的Extra Vecchio則要255分以上才能過關。

水準不夠的巴薩米克醋會全部退回醋廠再培養，每年有近半的樣品被退回，這是全歐洲最嚴格的法定產區管制系統。為了預防假冒，通過的巴薩米克醋直接由公會裝瓶，醋廠完全沒有機會經手裝瓶的過程。

摩典那傳統巴薩米克醋全部採用一種外型特殊，而且經過專利註冊的瓶型，容量只有100c.c.。裝瓶後封上軟木瓶塞，套上瓶口封套，再貼上印有流水號的封條，並且貼上公會標籤，甚至連外包裝盒全都由公會提供。完成這樣的程序，醋廠才可以取回已經包裝好的醋，在瓶子的另一面貼上自家的標籤上市。每瓶Affinado醋廠要付給公會10歐元的裝瓶費，Extra Vecchio則要付約15歐元。

品嘗巴薩米克醋時先將長口瓶至於蠟燭前，旋轉瓶身以觀察醋的濃度和透明度，接著才是聞醋的香氣。

摩典那傳統
巴薩米克醋業公會／協會

公會標誌

　　摩典那傳統巴薩米克醋業公會成立於1979年，以維護巴薩米克醋的文化與傳統為目的。經過多年的努力，傳統的巴薩米克醋在1986年成為義大利法定產區（D.O.P.）的產品。從此以後，摩典那傳統巴薩米克醋（Aceto Balsamico Tradizionale di Modena）這個名稱受到法律上的保障，必須依照傳統的方法製造，並且符合品質標準的醋才能以此命名。

　　現在公會有上百個會員，但實際做商業生產的僅有30餘家，其他都只是個人愛好者，僅供家族與親友自用。義大利農業部通過的摩典那傳統巴薩米克醋D.O.C.法中對於葡萄的使用、製作的方法、木桶培養、標示等細節都有詳細的規定，例如在整個長達十多年以上的製作過程中，依照規定除了可以加一點醋酸菌進行醋化外，巴薩米克醋裡是絕對不能添加其他東西。一部分監督與控管的工作由公會負責，例如最後品嘗檢驗與裝瓶的工作都是公會的職責。

　　摩典那省內還有另一個傳統巴薩米克醋協會，在1967年於摩典那市附近的小村斯皮蘭貝托成立，稱為「傳統巴薩米克醋協會」（Consorteria dell'aceto balsamico tradizionale），匯集了1500名會員，除了30家商業醋廠外幾乎都屬個人愛好者。該協會提供一套完整的巴薩米克醋品嘗法，數十年來訓練出許多「品醋師」（Assaggiatori）。學員必須從學徒品醋師開始，上過許多課程，累積多年的品嘗經驗並且通過考驗才能成為品醋師，最後成為品醋大師（Maestri Assaggiatori）。

　　協會每年都會舉辦年度比賽，稱為「Palio di San Giovanni」，每年有一千多個樣品參加，雖然所有知名醋廠都會拿出最好的醋，但幾十年來真正得到首獎的，幾乎全是純粹私人自用，不對外銷售的業餘醋廠，因為只有他們才能真正不計成本，付出所有心血為家人釀造出最美味的醋。這情況很符合本地的傳

摩典那傳統巴薩米克醋公會的標誌會
出現在瓶口封條（上圖）與背標上
（下圖）。

統，巴薩米克醋原本就是家族自用的珍寶，是摩典那人建立人際關係網絡時的禮物，或做為嫁妝成為姻親家族間的聯繫。協會本身也擁有十多套的醋桶，做為典範，我前去參觀時，就有許多業餘會員前來向品醋大師們討教製醋的技術。我想，摩典那傳統巴薩米克醋的力量，就存留在這些對傳統製醋充滿熱情的愛好者身上，這就是摩典那以醋聞名最重要的源頭。

如何辨識摩典那傳統巴薩米克醋

· 瓶型

　　摩典那傳統巴薩米克醋的專屬瓶子，是由知名設計師喬治亞羅（Giorgetto Giugiaro）所設計。喬治亞羅的專長在汽車設計，數十年來的作品包括許多著名的暢銷名車，例如Saab 9000、Fiat Punto和Cinquecento、Seat Ibiza和Toledo、Lexus G300和Landau、Jaguar Kensington等等。所有摩典那傳統巴薩米克醋都裝在一模一樣，有註冊專利的100c.c.玻璃瓶裡。奇怪的瓶型將方瓶與圓瓶

融為一體，非常特別。

・標籤

瓶上一定會貼有公會統一製作的標籤，上面印有「Aceto Balsamico Tradizionale di Modena」，以及傳統巴薩米克醋的標示，一個傳統裝醋的陶瓶。如果是「特陳」等級也會標出「Extra Vecchio」。「傳統」（Tradizionale）這個字是一般巴薩米克醋和傳統巴薩米克醋在名稱上唯一的差別。

・瓶口封條

印有流水號、陶瓶標示，以及「Aceto Balsamico Tradizionale di Modena」，「特陳」等級也會標出「Extra Vecchio」。

・瓶口封套

因為不同等級而有不同的顏色。乳白色是一般的Affinado，金色則是特陳的Extra Vecchio。

摩典那傳統
巴薩米克醋廠

　　傳統巴薩米克醋每年只生產兩萬瓶（100c.c.裝），因此在市場上相當少見，產量稍大的醋廠只有Acetaia Malpighi和Acetaia del Cristo。我實地品嘗與參訪的僅有以下八家，其他像Acetaia Leonardi以及雷吉歐－艾米里亞的Cavalli也相當著名，但僅止於品嘗，沒有機會參觀。依照摩典那的傳統，在家庭裡是由主婦負責製醋，所以技術經常是母女相傳，女兒出嫁會帶走一組醋桶當嫁妝，到夫家後就繼續用陪嫁來的醋桶釀醋。所以，現在摩典那有許多傳統醋廠都是由女性主導，其實有歷史淵源。

· Acetaia Bompana

　　經營Bompana醋廠的Vecchi家族，曾經同時經營一家在摩典

Bompana醋廠的Affinido（左）和
Extravecchio（右一和右二）。

那相當著名的傳統餐廳Baia del Re，餐廳由女主人親自掌廚，醋廠的事則由丈夫瑟肯多（Secondo）和女兒拉蘿（Lara）負責。Bompana的醋比較偏傳統風味，採用較多橡木和栗木桶，酸味高，口感較不甜。當年在Baia del Re餐廳裡，女主廚調配了一種以傳統巴薩米克醋混合水果製成的酸甜調醬——Balsamita，現在也裝瓶銷售。

· Acetaia Caselli

這是一家由父子代代相傳的小型醋廠，現在由年輕的賽門（Simone Caselli）經營，平時他主要的工作是工業設計師，製醋只是副業，近百桶醋就擠在車庫上頭的閣樓裡。賽門對製醋充滿熱情，也是斯皮蘭貝托「傳統巴薩米克醋協會」的忠誠追隨者，採用最標準的方式釀醋，是少數能在傳統巴薩米克醋大賽（Palio di San Giovanni）奪冠的商業醋廠。他的醋曾在1999年得到388.88的完美高分，一般的Extra Vecchi在255分就算及格，且可以上市。

Acetaia del Cristo醋廠完全在櫻桃木桶中培養的Affinado巴薩米克醋。

· Acetaia del Cristo

擁有1300個醋桶的Del Cristo醋廠位在摩典那城北的鄉間，規模僅次於Malpighi。農莊四周種滿了製醋用的Trebbiano和Lambrusco葡萄，現在由女兒艾麗卡負責經營。Del Cristo的醋雖然是傳統風味，但其中還融合了一些純粹與清新的風格。應美國顧客的要求，艾麗卡除了傳統的Affinado、Extra Vecchio和更陳年的Speciale之外，還推出僅在櫻桃木製成的木桶中陳年的Cilegio，有非常迷人討喜的可愛水果香氣。

另外還有僅用杜松木、桑葚木、橡木等單種木桶培養的傳統巴薩米克醋。

· Acetaia La Cà dal Nôn

這家以「爺爺的家」為名的醋廠，座落在著名櫻桃產區維諾拉（Vignola）村外的一座美麗鄉間農莊裡。負責經營的是瑪麗

正在檢驗醋的馬西莫，他是Malpighi醋廠第五代傳人。

安潔拉（Mariangela Montanari），她的曾祖父阿方索（Alfonso）在1883年開始家族製醋的歷史。

瑪麗安潔拉的醋重酸味而輕甜味，非常有個性，特別是一款稱為Vittorio的Extra Vecchio，顏色十分透明清澈，有非常細膩的口感。

· Acetaia Malpighi

創立於1850年，是一家產量最大，也最企業化經營的傳統巴薩米克醋廠。現在由Malpighi第五代傳人馬西莫（Massimo Malpighi）經營。

近三千個醋桶分存於兩個醋廠，並且擁有大片的葡萄園，位在近郊的Del Cigno莊園有葡萄園環繞，是最值得參觀的醋廠。Malpighi全部採用Trebbiano葡萄製醋，水準相當高，12年的Affinado有相當好的均衡感和豐富香氣，此外Malpighi也推出限量50年和100年的醋，有點接近半固態的黑色液體，嘗起來有非常驚人的濃縮口感，另外也有櫻桃木與杜松木等單種木桶培養的醋。

Malpighi家族的家徽。

Malpighi位在摩典那東郊的葡萄園Vigna del Cigno。

· Acetaia Marisa Barbieri Giuliani

這家相當著名的醋廠位在摩典那市內一棟平凡的公寓頂樓，主人瑪莉莎（Marisa Barbieri）雖然出身一般家庭，但出嫁時卻風光地帶了一套一百多年歷史的醋桶當嫁妝，這套醋桶的由來是她父親曾經替城裡的馬內托（Manetto）公爵管理農莊，公爵過世前為了感謝他數十年來的付出，於是送他一套超過百年歷史的巴薩米克醋桶。

*Acetaia
Marisa Barbieri Giuliani*

現在，這套醋桶就由瑪莉莎用來生產Extra Vecchio等級的巴薩米克醋。她所釀出來的醋在風格上特別圓潤，有肥美豐滿的質感。

· Antica Acetaia Villa Bianca

源自巴薩米克醋名鎮斯皮蘭貝托的Biancardi家族有超過百年的製醋歷史，現任廠主克勞迪奧（Claudio Biancardi）除了傳承母親的釀造技藝，更是維護巴薩米克醋傳統的主要舵手。家住摩典那市西郊的聖達瑪索村（San Damaso），白牆紅瓦的別墅前是一片製醋用的葡萄園，他自己經營的巴薩米克醋廠就位在別墅的閣樓裡，所釀的醋有非常多變化的迷人香味。

冰淇淋的最佳淋醬？

· Acetaia Villa di Corlo

摩典那世家Munari家族的媳婦瑪麗亞（Maria Antonietta）的娘家，是摩典那地區以生產Lambrusco氣泡紅酒起家的釀酒集團Giacobazzi。

這樣的背景讓她輕易地建立了Villa di Corlo這家擁有上百公頃葡萄園的酒莊兼醋廠。雖然歷史不長，但卻有非常好的成績，酒莊生產的Lambrusco是以細緻見長的新典範。

醋廠則位在十七世紀的鄉間豪宅裡，寬敞的閣樓裡除家族原有珍藏的醋之外，也大量搜購許多私人珍藏的醋桶，現在已有將近五百個。所生產的巴薩米克醋特別強調酸味，有相當均衡優雅的精緻風格。

醋廠

　　除了兩家規模稍大的Acetaia Malpighi和Acetaia del Cristo有超過上千個的醋桶，特別蓋有獨立的醋廠外，大部分的傳統巴薩米克醋，其實都直接放在自家的屋頂閣樓裡。醋廠通常擁有一些葡萄園，不過還是要跟葡萄農採買葡萄，因為即使大部分的醋廠每年產量不超過100公升，但卻需要用到10,000公斤的葡萄。每年比較忙碌的時刻是秋天的採收季，要忙著採收、榨汁和熬煮，再來就只是添桶的工作，以及耐心地等待，最後連裝瓶都由公會代勞，所以除了幾家規模大一點的製醋廠採專業化經營，其他小廠都只是把製醋當成副業。

　　也因為醋的熟成需要很長的時間，所以幾乎所有的醋廠都是家族相傳的產業，現在投資的只能留給兒孫輩來收穫，而現在著名的醋廠，也大多是承襲自祖父輩的遺產。即使像最大的醋廠Malpighi，每年產量也僅有數百公升，擴大的可能除了耐心等候之外，最快速的方法就是向摩典那家道中落的家族購買珍藏傳家的整套醋桶。這是Malpighi可以快速擴張又保有優異品質的方法。

　　有些工業化巴薩米克醋廠也會推出傳統巴薩米克醋，除了自家製作外，大多購買現成裝瓶的傳統巴薩米克醋，再貼上自家的標籤，因為相較於工業化生產的巴薩米克醋，傳統巴薩米克醋的產量幾乎只能用微不足道來形容。

在巴薩米克醋業，修補舊桶比新桶更重要。

傳統巴薩米克醋的
使用方法

淋上傳統巴薩米克醋的Bresaola風乾
牛肉。

　　工業化生產的巴薩米克醋是以葡萄酒為原料，而傳統的巴薩米克醋則是用煮過的濃縮葡萄汁，雖然有局部醋化的過程，但主要的味道還是來自於濃縮葡萄汁，以及長年的橡木桶培養。與其說是醋，不如說是一種風味獨特的調味醬，用法自然和其他的醋不同。傳統巴薩米克醋的用途相當多，有許多經典的搭配甚至超出一般人對醋的想法。從開胃菜、麵食、主菜、乳酪，甚至飯後的甜點和冰淇淋，都可以加一點當醬汁。

提味勝於烹煮

　　因為巴薩米克醋本身有濃厚卻均衡的口感與豐富香氣，即使單獨品嘗都非常可口，如果拿來加熱或燉煮，大部分細緻的香氣會因此而消失，相當可惜。就像拿一瓶稀有珍貴的葡萄酒來做菜一樣，雖然可以增添風味，但和用一般葡萄酒煮成的菜並不會有太大差別。所以，無論如何都不要將巴薩米克醋倒入燒熱的菜餚上，而是在上桌前加入已經煮好的醬汁裡，或直接淋在餐盤上。

　　傳統的巴薩米克醋相當濃，特別是Extra Vecchio等級，味道濃縮厚重，在使用上不要添加太多，只要幾滴或一小茶匙就夠了。根據我的經驗，搭配越簡單的菜，效果越好。

混合了橄欖油的巴薩米克醋，就成為
滋味豐富的沙拉淋醬。

淋上傳統巴薩米克醋的帕馬森乾酪與
芝麻葉沙拉。

‧前菜
　　許多冷盤類的前菜都很適合添加巴薩米克醋，混合橄欖油就成為滋味豐富的沙拉醬，為了避免味道太濃，調沙拉醬時採用Affinado比較合適，或者添加一點酒醋稀釋。除了可加在一般的生菜沙拉上，也可以用於烤甜紅椒、烤筍瓜、烤蘆筍等義式烤蔬菜，混合帕馬森乾酪和芝麻葉的沙拉、或者生薄片牛肉

（Carpaccio）以及風乾牛肉（Bresaola）等等。即使是一片簡單的煎薄餅或西洋梨，淋上幾滴巴薩米克醋，都會變成滋味豐富的美味料理。

· 麵與飯

以乾酪和火腿為內餡的摩典那傳統名菜Tortellini餃，不論是帶湯（al brodo）或是乾吃，都要淋上一點巴薩米克醋。其他的義大利餃（Ravioli）或義大利燉飯（Risotto）在煮熟擺盤後，直接淋上巴薩米克醋和帕馬森乾酪粉，無需其他的醬汁或調味料，就可變成絕頂的豐富美味。

· 肉與魚

在主菜的使用上，主要是加入烹調好的醬汁內，或者直接淋在食物上，巴薩米克醋和簡單烹調的雞胸、兔肉、小牛和腓力牛排等肉類最相合。魚料理或蝦蟹類的料理也幾乎都可以加一點巴薩米克醋，以提高酸味和甜味，讓香味更豐富。最有趣的是，有許多味道比較簡單的配菜，例如玉米餅（Polenta）和馬鈴薯等等，常常比主菜更適合巴薩米克醋。

· 乳酪

帕馬森乾酪和Extra Vecchio的巴薩米克醋是絕配，加上一顆甜熟多汁的西洋梨，就是摩典那地區最簡單卻也最珍貴的美味經驗。在味道多乳香、白色新鮮的瑞可塔（Ricotta）乳酪上，淋一點巴薩米克醋也會有畫龍點睛的奇效。

· 甜點

因為酸味重又帶點甜，巴薩米克醋非常適合當甜點的淋醬，和冰淇淋一起吃，尤其是香草冰淇淋，味道最合拍。我常加在以乾果或水果做成的派餅和蛋糕上，配沙巴雍（Sabayon，義大利甜醬）也相當好。另外，和新鮮草莓一起吃，在摩典那也是很經典的吃法。

草莓佐巴薩米克醋。

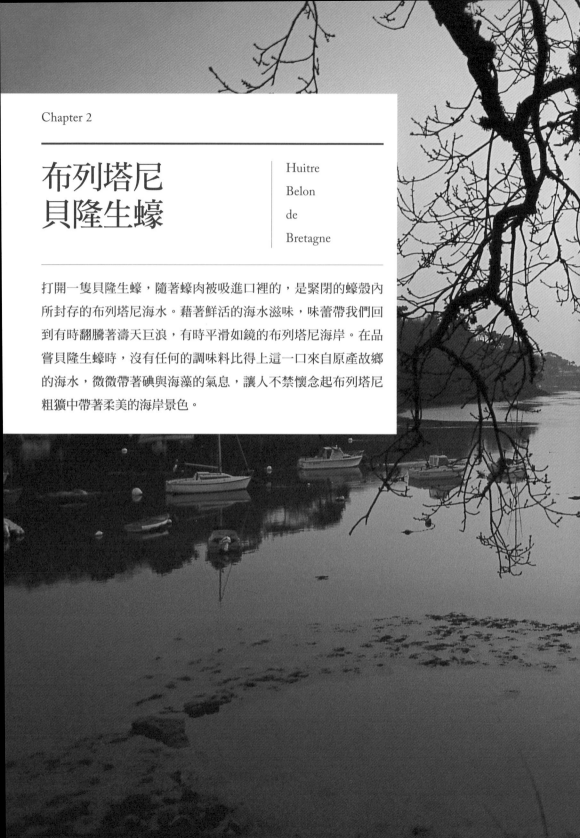

Chapter 2

布列塔尼
貝隆生蠔

Huitre

Belon

de

Bretagne

打開一隻貝隆生蠔，隨著蠔肉被吸進口裡的，是緊閉的蠔殼內
所封存的布列塔尼海水。藉著鮮活的海水滋味，味蕾帶我們回
到有時翻騰著濤天巨浪，有時平滑如鏡的布列塔尼海岸。在品
嘗貝隆生蠔時，沒有任何的調味料比得上這一口來自原產故鄉
的海水，微微帶著碘與海藻的氣息，讓人不禁懷念起布列塔尼
粗獷中帶著柔美的海岸景色。

封存在蠔殼內的
海洋風味

　　沒有什麼食物比生蠔更加直接自然、更貼近原產的土地。打開一隻貝隆生蠔，隨著蠔肉被吸進口裡的，是緊閉的蠔殼內所封存的布列塔尼海水。藉著鮮活的海水滋味，味蕾帶我們回到有時翻騰著濤天巨浪，有時平滑如鏡的布列塔尼海岸。

　　在品嘗貝隆生蠔時，沒有任何的調味料比得上這一口來自原產故鄉的海水，是這些海水讓生蠔在漫長的旅程裡仍然保持著滑潤多汁，微微帶著碘與海藻的氣息，讓人不禁懷念起布列塔尼粗獷中帶著柔美的海岸景色。也正因為純屬天然，這一口生蠔與海水的滋味，和兩千多年前來到布列塔尼海岸邊的塞爾特人（Celtes）所吃到的鮮美滋味完全沒有差別。

美味與個性

　　如此簡單自然，卻又充滿時空的深度，這是我特別喜歡貝隆生蠔的原因。但如果光從美味可口的角度來衡量，我想大部分的人還是會比較喜歡養在克雷爾水池（Claire）的綠色牡蠣 Spéciale de Claire。這種產自法國西部海岸的凹型生蠔肥腴豐滿，又有彈性，甚至還帶著一點脆爽的口感，真是好吃極了！口味獨一無二的綠色牡蠣除了拜自然之賜，更是法國養蠔技術的結晶。只是，這些凹型生蠔在法國海岸的歷史還不到50年。

　　至於名聞全球，產自布列塔尼海岸的扁型貝隆生蠔（Huître de Bélon），長得比較瘦小，經過貝隆河口的培養肥育後才略帶點豐盈，吃起來脆中帶點咬勁，有一份清雅的甘甜，餘味帶著一絲飄忽的榛果香氣，而且伴隨著一點碘的氣味和留下略為收斂的澀味。味道特別，很有個性，但不是人人喜愛的生蠔滋味。就像葡萄酒一樣，順口好喝的通常不會是什麼偉大的酒，我想生蠔也是如此。

布列塔尼南岸是貝隆生蠔最著名的產地，變化多端的海岸有許多深長的河口，豐富的浮游生物是培養貝隆生蠔的最佳地點。

扁型生蠔的代名詞

在法國海岸，野生的貝隆生蠔曾經多到採集不完，也因此，法國人直到十九世紀中，才開始想要人工養殖生蠔。當時，位於布列塔尼半島南岸的貝隆（Bélon）河口是法國最早開始人工養殖生蠔的地方，特殊的自然環境養出了特別可口的滋味，從此之後「貝隆」便成了扁型生蠔（huître plate）的代名詞。

大約自1920年開始，曾經占滿歐洲海岸的貝隆生蠔，因寄生蟲的危害大量死亡，幾近消失，來自葡萄牙的生蠔——Crassostrea angulata（原產自台灣，可能於十六世紀時附著在葡萄牙船上被帶回歐洲），才取代貝隆生蠔在法國的地位。1967年葡萄牙生蠔大量感染疾病死亡，又自日本引進稱為凹型生蠔的長牡蠣（Crassostrea gigas）取代葡萄牙生蠔，很快地，長牡蠣便占滿了法國的海岸，貝隆生蠔雖然一直都存在，但是產量已經微乎其微，每年只有一千多噸，只有凹型生蠔的八十分之一。

越來越稀有的貝隆生蠔，生長慢、存活率低，雖是饕客的最愛，但並不是所有法國人都對牠情有獨鍾，也因此，要吃到這種屬於布列塔尼老祖母年輕時代的生蠔滋味還不會太困難。貝隆生蠔的名氣來自牠獨特的風味，以及因稀有而昂貴的價格，當然，也還帶有一點老派歐洲人的懷舊情節。

00等級的貝隆生蠔。在西歐的環境，生蠔每年有兩季的成長期，會在貝殼的紋路上留下有如年輪般的痕跡，每兩圈代表一年，從外表就可以算出每隻生蠔養殖了多久。

貝隆
生蠔

　　蠔又稱牡蠣或蚵，幾乎全球各地的溫帶與熱帶海洋都有蠔的分布，是軟體動物門（Mollusca）雙殼綱（Bivalvia）異柱目（Anisomyaria）牡蠣科（Ostreidae）的統稱。目前全球發現的牡蠣有上百種，分屬於Ostrea、Crassostrea和Pycnotonda三個屬，現在歐洲最常見的是引自日本的長牡蠣。另外歐洲原產的蠔種則稱為扁型生蠔（huître plate）的食用牡蠣（Ostrea edulis），正是聞名全球的貝隆生蠔。

　　貝隆生蠔的兩面殼形狀不等，呈不規則的三角扇形，下殼較大而厚，有一點凹陷，自然生長的蠔以此面固著在岩石等外物上，終生不能移動；上殼較小而平，藉由上殼的開閉，進行攝食、呼吸、生殖和排泄。兩片蠔殼於鉸合部（charnière）相接，中央還有一發達的閉殼肌（muscle aduct）連接上、下殼。外套膜（manteau）分列左右兩側，邊緣具有觸手，是生蠔過濾海水覓食的器官。蠔的鰓與外套膜相結合，除了吸收水中的氧氣呼吸外，也有過濾食物的功能。嘴巴位在兩殼交接的鉸合部旁，周圍有四個唇瓣纖毛（palpe）幫助進食。

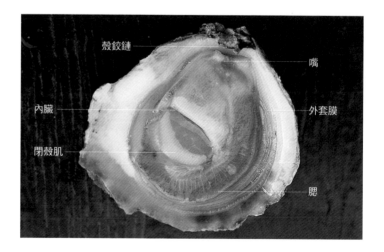

殼鉸鏈　　　　　　　　嘴

內臟　　　　　　　　　外套膜

閉殼肌

腮

貝隆生蠔和其他牡蠣一樣屬濾食性生物，主要以微小的硅藻等浮游生物為食。呼吸時食物隨水流進入外套膜，然後經過鰓和脣瓣纖毛的擺動被輸送入口。平均每小時吸吐3到9公升的海水，比長牡蠣的5到13公升少很多，通常水溫越高，生蠔需要的氧氣越多，吸吐海水的速度也會加快，吸吐量越大，生蠔捕食的微生物也越多，而這也是生長於溫暖水域的生蠔成長比較快的原因。貝隆生蠔主要分布在西歐的溫帶海岸，從潮間帶到低潮線以下20公尺深的海底都有。

以營養價值來說，生蠔屬低卡路里、低脂肪，卻含有豐富的蛋白質、維他命與微量元素，尤其是鎂、鈣和碘的含量特別高。生蠔的膽固醇含量每公斤1到1.5毫克，相較於其他食物，不算太高，只有蛋的三十分之一。

貝隆生蠔的繁殖

雖然法國已有人工繁殖技術的開發，但是至今法國生蠔的養殖業，大部分還是繼續採用自然繁殖的蠔苗，因為，即使連數量稀少的貝隆生蠔，在布列塔尼南部都還有相當好的自然繁殖效果。貝隆生蠔為雌雄同體，並有性轉變的現象，精卵巢各在不同的時期發育產生配子，每一次繁殖季過後，就會改變性別。貝隆生蠔的繁殖方式也很特別，為幼生型，繁殖時成熟卵排入體內腮腔中受精孵化，發育到浮游幼蟲期後排到海水中進行浮游生活，最後變態固著成稚貝，整個過程約需2到3個星期。

・生產期

貝隆生蠔每年只生產一次。大約到了2、3月時，當海水溫度上升到10℃以上，生蠔便開始製造精子或卵子，到了7、8月之間，水溫達到18-20℃時，貝隆生蠔的繁殖季節就會展開。一隻母蠔每次約可產出一百到一百五十萬隻的幼蠔，不過最後能存活的比例相當低。

布列塔尼北部海岸，位居聖米歇爾山灣的貢卡爾（Cancale）是全球貝隆生蠔養殖最重要的聚點。

石灰瓦片採苗器。

刮蠔苗

撈網船將蠔苗帶到養殖的海面灑入海底養殖。

圓形、半透明，外圍長有纖毛的浮游幼蟲離開母蠔，於海水中漂流，幾天之後，貝殼開始長出來，體重越來越重的幼蠔便分泌一種具有黏性的膠狀物，附著在任何碰觸到的物體上。可能是岸邊的岩石或礁岩，甚至橋墩或纜繩，長成野生的生蠔。

· 採集蠔苗

蚵農會在海水中準備採苗器讓幼蠔附著在上面，做為養殖用的蠔苗。採苗器種類很多，在法國，通常用的是表面塗上一層石灰的瓦片，成堆地置放於潮間帶，讓蠔苗自己黏附其上，等到約6個月後，幼蠔已經長成小蠔時再搬回瓦片，蚵農自瓦片上連同石灰刮下蠔苗。這是自1860年就開始採用的方法，雖然後來出現其他蠔苗的採集法，但是瓦片一直是最普遍的方式。

採集蚵苗的方式還包括以烘烤過的淡菜殼串成一整串吊在海水裡。其優點是泡在海水中2、3年後，會自行分解消失，也不需要將蚵苗刮下來就可以直接養殖成單顆不相連的生蠔，現在貝隆生蠔因為進行深水養殖，所以主要都是以這種方式採集蠔苗。這種採集蚵苗的方式和台灣西部海岸常用的竹竿，或以尼龍線串掛的蚵殼不太一樣，因為法國生蠔是連殼上桌，所以每一個都必須分開不可相連，而且形狀要均勻，因此蚵苗通常要先從採集器上刮下來再進行養殖。

· 生長環境

要讓生蠔繁殖不僅水溫要夠暖，生長的海水鹹味要淡，水中的含氧量也要充足，所以生蠔的自然繁殖地多半位在氣候較溫和，半封閉的淺水海灣內，而且附近要有河流注入。目前貝隆生蠔主要的繁殖地在布列塔尼南岸的奇布宏灣（Baie de Quiberon），以及隔鄰的摩比翁灣（Golfe de Morbihon），幾乎全法各地養殖的貝隆蠔苗都來自這個海灣。凹型生蠔則主要在西南部波爾多附近的阿卡雄（bassin Arcachon），全歐洲最大的蚵苗供應地。

布列塔尼南岸的奇布宏灣是個半封閉的淺水海灣，海水平靜如鏡，是法國最重要的貝隆生蠔繁殖地。

・人工養殖

　牡蠣養殖歷史相當久遠，西歐的牡蠣養殖開始於羅馬時期，
但是法國因為野生蠔源充足，到了十九世紀中才開始由拿破崙
三世鼓勵維克多（Victor Coste）等人開始研究生蠔的養殖，雖
然起步晚，但法國卻是最著名的生蠔產國，年產十五萬公噸，
雖是歐洲第一，不過還不及中國、日本和韓國等亞洲國家。

因為遭受馬爾太蟲病（Marteilia refringens）和波納米亞蟲病（Bonamia ostreae）兩種寄生蟲的危害，使得養殖在淺水區的貝隆生蠔死亡率很高，現在幾乎都是採用深水養殖法，在比較寒冷的海水中，寄生蟲無法存活，不過也因為水溫低，生蠔無法在這樣的水域繁殖。

養殖場先選定一片水深介於4到16公尺、海底平坦多沙的養殖區，接著用撈網船將小生蠔帶到養殖的海面，撒入海中，撈網船利用轉動螺旋推進器激起水流，讓小生蠔均勻地分布在海床上。現在的撈網船都具備GPS衛星定位系統，可以確切地辨識灑下貝隆生蠔的位置。

現在有98%的法國貝隆生蠔都在布列塔尼北部海岸養殖，以聖米歇爾山灣（Baie du Mont-Saint-Michel）為最主要的貝隆生蠔深水養殖區，貢卡爾（Cancale）是當地的主要據點，其他布列塔尼北部如聖布里厄（St. Brieux）、莫爾萊（Morlaix）和布雷斯特灣（Rade de Brest）也都有養殖。雖然這邊的水比較冷，但是小生蠔從布列塔尼南部移到深水域養殖，環境的改變反而會刺激牠們加快生長。

貝隆生蠔有時會先進行18個月的養殖，接著再換到另一個水域，進行第二階段約2到4年的養殖。但也常常只養在同一個地方，直到上市之前。蠔的生長速度會逐年降低，年輕時生長速度快，但4年後就明顯下降，長得相當慢，不符養殖成本。事實上，肉質也會開始變老。

養殖期間，生蠔養殖者每隔一段時候在養殖地以撈網船進行耙地，讓生蠔翻轉，長成的形狀會更均勻，而且去除覆蓋在蠔殼上的泥沙。

貝隆生蠔經過約4年的培養就可以上市，但是有更多的生蠔還要再經過培養增肥。深水養殖因為需要較大的投資，所以貝隆生蠔的養殖者多半是大型規模，小型的貝隆生蠔養殖場通常直接跟布列塔尼北部的養殖場採買成熟的生蠔，只負責生蠔最後階段的培養和銷售。

位在貝隆河口附近的貝隆港因為扁型生蠔而聞名全球，但卻是一個超迷你型的寧靜河港。

在羅馬時代，已經開始在鹹水汐湖中培養生蠔，讓蠔肉更美味。

布列塔尼半島生蠔產區圖

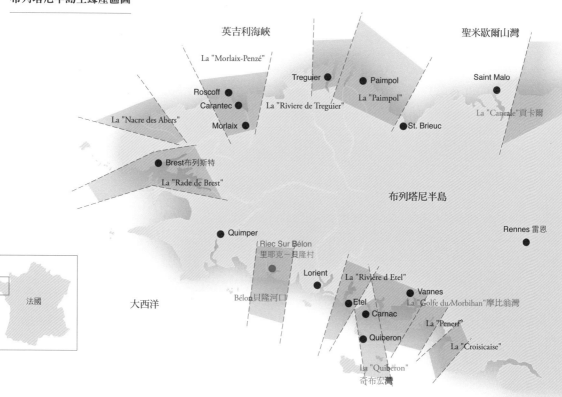

英吉利海峽

聖米歇爾山灣

La "Morlaix-Penzé"

Treguier ● ● Paimpol

Saint Malo ●

Roscoff ●

La "Paimpol"

Carantec ●

La "Riviere de Treguier"

La "Cancale"貢卡爾

La "Nacre des Abers"

Morlaix ●

● St. Brieuc

● Brest布列斯特

La "Rade de Brest"

布列塔尼半島

● Quimper

Rennes 雷恩 ●

I Riec Sur Bélon
里耶克一貝隆村

La "Riviere d Etel"

Lorient ●

Vannes ●

La "Golfe du Morbihan"摩比翁灣

Bélon貝隆河口

Etel ●

大西洋

Carnac ●

La "Penerf"

Quiberon ●

La "Croisicaise"

La "Quiberon"

奇布宏灣

法國

貝隆生蠔的培養

如同葡萄酒或乳酪等美食特產，貝隆生蠔完成養殖之後，最後還要經過培養的階段才能表現最佳特色，不過也有人特別喜愛未經培養的生蠔，因為可保有更多碘與海水味，蠔肉雖然瘦小，但口感卻比較有彈性，這樣的貝隆生蠔雖然味道也相當特別，但風味較為粗獷。

培養的地點通常以水質肥沃，浮游生物眾多的出海口附近為主，因為在淡水與海水混合的地帶，生蠔可以攝取的食物超過深水海底數十倍。在這樣的環境裡貝隆生蠔大約2個月的時間，蠔肉就會變得非常肥滿，所以有人稱此階段為「增肥」。除了食物變多，生蠔變肥之外，培養地點的自然環境也會在幾個月內讓養成的生蠔具有當地的特色，例如榛果般的餘香只有在培養階段才可能產生。這個階段對生蠔口味的影響甚至超過養殖地，每一個海灣或河口培養出的生蠔不論香氣、口感和味道等都不太一樣，也因此，市面上的生蠔都是以培養增肥的地點做為生蠔產地的標示，反而很少人在意是在哪裡養殖的。

貝隆河口是全法國最著名的扁型生蠔培養地。在當地，生蠔直接鋪排在河床潮間帶的下區，河床由砂子和小礫石所構成，很適合培養生蠔，不過要先去掉覆蓋在上的黑色河泥。生蠔鋪排在河床上的密度不能太高，每平方公尺最好不超過20隻，要讓每隻生蠔都能攝食到豐富的浮游生物。通常培養增肥的時間大約2到3個月，偶爾用鐵耙翻轉一下即可。培養超過3個月之後，貝隆生蠔的成長會趨於穩定，口味也不再變好，所以一般培養增肥階段以3個月為限。

完成培養的貝隆生蠔依規定還要經過泡水澄清的過程。生蠔被放入裝滿乾淨海水的人工水池內，讓體內的穢物排出。在法國，除非是養殖在水質非常潔淨的A區，否則依規定都需要經過2天的澄清過程。在這段時間，因為水池不隨潮汐乾涸，也可順便改變生蠔隨潮汐開合的生物時鐘。讓牠們在包裝後會一直緊閉蠔殼保持殼內的水分。經過澄清之後，貝隆生蠔再秤重分級就可直接包裝上市了。

貝隆生蠔通常直接生食，上市前需經過泡海水澄清的過程。

貝隆河口有眾多的浮游生物，是全法國最著名的扁型生蠔培養地。

貝隆河口的
貝隆生蠔

貝隆河口是貝隆生蠔的培養聖地，潮水漸退，遠處躺臥在河床上的生蠔逐漸外露。

　　雖然貝隆生蠔如此聞名，但是因為河口狹小，可供使用的河床面積不大，真正在貝隆河口上設立的生蠔養殖場並不多見。現在，貝隆生蠔其實和佩里哥松露一樣，是品種名而不是產地名。

　　每年法國扁型生蠔的產量不到2,000公噸，其中大約只有600到700公噸是真正來自貝隆河口。

　　貝隆河口是最早開始進行人工養殖扁型生蠔的地方，但經過二〇年代的生蠔病變，加上這邊的水太淺、水溫較高，貝隆生蠔很容易得病死亡，早已經不是養殖扁型生蠔的最佳地點。不過，貝隆河口的特殊環境卻是生蠔絕佳的培養增肥地，外海深水養殖的生蠔送到此地培養2個月後，就能產生屬於貝隆的滋味，所以選擇貝隆生蠔時，人們還是會特別指名要來自貝隆河口的貝隆生蠔。

　　貝隆河位於布列塔尼南部，是一條由幾條源自地下泉水的支流所匯流而成的平凡溪流，全長二十幾公里。Bélon一字源自於塞爾特人的太陽神Be lenos。貝隆河到了出海口的地方卻完全改觀，河面變得寬闊，而且蜿蜒地像是深入內陸的曲折峽灣。漲潮時潮水可以一路上溯5公里，退潮時，偌大的河床卻僅剩下中央一條涓涓細流，其餘外露出水面的廣闊河床上覆蓋著灰黑色的河泥。

　　潮水混合貝隆河水，營造出一個鹽分比較淡，水溫比海水高，有豐富浮游生物與礦物質的環境，供應生蠔更多成長的養分，可以長得比在大海時更肥，讓培養成的貝隆生蠔肉質豐滿肥厚，並且帶點脆爽的口感。貝隆河口培養的扁型生蠔鹹味比較低，帶一點點或許可以稱為榛果的香氣，餘味略甜，有些微的細緻碘味，不會太濃重。

真正在貝隆河口培養的生蠔才能貼上
這樣的保證標籤。

生蠔養殖場

貝隆河口所在的里耶克－貝隆村（Riec-sur-Bélon）是一個僅有4,000人的海岸小村，村子離河有一小段距離。在河邊設有一個也叫貝隆的超迷你型港口，即使是在漲潮時船隻都很難靠岸，貝隆河口僅有的五家生蠔養殖場，有三家位在此處，規模都相當小，無法和貝隆生蠔聞名全球的名氣相比。

・貝隆城堡

索米納克家族（Solminihac）所擁有的貝隆城堡（Château de Bélon）就位在港邊。1864年，索米納克家族首開貝隆河口的生蠔養殖，他們雇用村中婦女，花費數月的時間，在退潮時除掉河床上黏密的黑色河泥，並且鋪上混合著貝類碎片的沙子做為養殖地，然後將生蠔直接放置在這些廣達數公頃的河床上養殖。因為貝隆河口的自然條件，索米納克家族所養殖的扁型生蠔，比一般採自海岸邊的野生生蠔來得肥美，於是開始建立起貝隆生蠔的名聲。一百多年來索米納克家族仍持續經營生蠔業，但規模已大不如前，平時開放參觀，主要做觀光客的零售生意。

開啟貝隆生蠔養殖歷史的貝隆城堡，如今規模已大不如前。

貝隆城堡的培養法比較特別，是將生蠔放置於蓋在河床上的水泥製養殖池內，生蠔24小時都泡在海水裡，但只有漲潮時，海水淹沒水池才會有新鮮的海水注入，提供新鮮食物。

・諾貝萊

位在貝隆城堡對面的是諾貝萊（Noblet）養殖場，以及所屬的海鮮鋪與著名的海鮮餐廳Chez Jacky。諾貝萊並沒有做生蠔的養殖，而是向養殖場購買來自布列塔尼北部養殖了3、4年以上的扁型生蠔，然後在貝隆河進行為期幾個月的培養，讓生蠔帶上貝隆河口的特殊風味。Chez Jacky餐廳以貝隆河與出海口的優美景緻，搭配餐廳自產的美味貝隆生蠔，或許稱得上是最適合品嘗貝隆生蠔的地方。

尚－傑克是卡多瑞家族的第五代傳人。

・卡多瑞

　　貝隆河上的生蠔養殖以卡多瑞（Cadoret）和Thaëron兩家較
具規模，其中最知名的卡多瑞是一家有百年以上歷史的生蠔養
殖場，卡多瑞家族因為第二代馮索瓦（François）而興起，1920
年法國扁型生蠔大量死亡之後，他與巴黎餐飲界的友人艾米爾
（Emile Prunier）合作，在摩比翁灣復育貝隆生蠔，並且在二次
世界大戰後利用深水養殖，讓扁型生蠔的養殖得以存續下來。

　　現在，公司位在比較上游的La Porte Neuve，由馮索瓦的孫子
傑克（Jacques）和曾孫尚－傑克（Jean-Jacques）共同經營，不僅
是貝隆地區最大的生蠔供應商，而且在布列塔尼半島的南北兩
岸還有許多據點，是法國最重要的生蠔公司之一，養殖的面積
多達兩百多公頃。

　　除了扁型生蠔，他們也把在布列塔尼北部海岸養到3年的凹型
生蠔放到貝隆河口培養，培養時間長達6個月，比一般貝隆生蠔
的2到3個月還長上一倍，如此養成的生蠔變得極度肥美甜潤，
很像在克雷爾水池培養的綠色生蠔，相當特別。

凹型生蠔（長牡蠣）

繁殖、養殖與培養

凹型生蠔的繁殖和貝隆生蠔不太一樣，凹型生蠔不會轉換性別，而且屬於卵生動物。公蠔和母蠔分別將精子和卵子排入海中，漂浮在海面上隨機產生受精卵，也因此，凹型母蠔排出的卵子高達兩千萬到一億個，大約每十萬個蠔苗中才有一個最後會存活長成幼蠔。在法國，凹型生蠔的產卵季節也在夏天，自6月中延續到8月底。不過，生長在熱帶地區的凹型生蠔因為水溫很高，終年都可以產卵。

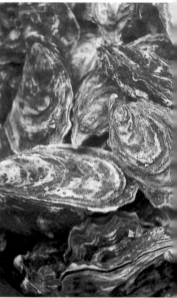

凹型生蠔主要養在海岸邊的潮間帶，為管理方便和保證生蠔有較長的攝食時間，通常選在潮間帶的下區低潮線附近，可以在退潮時最晚露出水面，在漲潮時最早沒入水中。凹型生蠔有許多天然的掠食者，包括螃蟹、海星、鯛魚、海膽、海鷗和章魚等，都可能破壞生蠔的硬殼吃掉蠔肉，所以養殖時通常裝在網子裡，置放在離地面約70公分的架子上，除了要定期翻轉網袋，隨著生蠔的成長，還必須定期改裝生蠔，逐次減少每一個網子內生蠔的養殖數目。也有凹型生蠔直接養在海邊溼地上，但周圍必須圍上網子，並且經常像農夫犁土般翻耙生蠔。

凹型生蠔的克雷爾水池培養法

綠色牡蠣在台灣代表受重金屬嚴重汙染的蚵，但是，綠色牡蠣在法國卻是品質的象徵，只有在特殊的環境採用特殊的養殖法，才能產出這種口味獨特、口感豐滿脆爽的凹型生蠔。

法國西部羅亞爾（Loire）河口和吉隆特（Gironde）河口之間的大西洋岸，亦即馬衡歐列宏（Marennes-Oléron）地區，原本是法國重要的海鹽產地，但自從地中海岸的海鹽興起後，因為生產成本高，沿海溼地上的鹽田逐漸荒廢。

這些有數百年歷史的廢鹽田，有些被採捕生蠔的蚵農用來放置還沒賣掉的生蠔，由黏土構成的鹽田改成淺水池後稱為克雷爾水池。

逐漸地，人們發現那些暫時養在克雷爾水池裡的蠔，鰓的部位會逐漸變成綠色，而且滋味更加圓潤甜美，因為特別受到人們的喜愛，自兩百多年前，在克雷爾培養生蠔蔚為風潮，不過當年養的全是扁型生蠔。

在克雷爾水池內經常生長的一種藍色的硅藻（navicule bleue），體內含有

藍色色素，當生蠔吃多了這種硅藻，和原本顏色乳黃的蠔肉相合後就成了藍綠色。為了讓培養的生蠔有豐富的浮游生物可吃，水池依靠漲潮，不斷地引進新鮮的海水，而且池內生蠔的密度不能太高。

除了浮游生物，克雷爾水池含有比一般水域更豐富的鎂、鈣和氟等礦物質，讓養成的生蠔具有特別的風味。生蠔通常直接放在黏土質的池底，所以在克雷爾池培養的生蠔外形也會比較圓整。

因為培養時間長短以及密度，克雷爾水池的生蠔又分為不同等級：

Fine de Claire

每平方公尺不超過20隻，在克雷爾池養1-2個月的時間。肉質有彈性，肥度適中，帶點榛果香氣，碘味比一般生蠔淡。

Spéciale de Claire

每平方公尺只能養10隻，培養2-6個月的時間，比Fine de Claire肉質更豐滿，殼與肉比的「肉值指數」在100：10.5以上，雖然肥美，但同時擁有適度的脆感和彈性。碘味較低，但滋味更豐富也更加甜美。

Pousse en Claire

每平方公尺只能養2到5隻，而且時間長達4到8個月，蠔肉極肥滿，「肉值指數」在100：12以上。

Spéciale Gillardeau

Gillardeau是一家超過百年歷史的生蠔養殖場，因為品質非常獨特，成為法國生蠔界最知名的廠牌，被美食指南*Gault Millau*譽為「生蠔中的勞斯萊斯」。Gillardeau位在馬衡歐列宏區的布爾塞弗朗（Bourcefranc）村，其產的生蠔全都是Spéciale de Claire等級，稱為Spéciale Gillardeau，是Fine de Claire的極致表現，蠔肉非常飽滿，豐潤甜美卻帶Q滑脆爽感，走極度美味風格，較少濃烈的海水味與澀味的粗獷個性。不過，現在大部分的Gillardeau都是在愛爾蘭水質純淨、藻類養分豐富，非常適合養蠔的精選海域進行低密度養殖，再帶回馬衡歐列宏區的克雷爾水池做最後的熟成。

法國主要的生蠔
產地與分級

生蠔的產地

貝隆生蠔的養殖主要在布列塔尼北部：除了貝隆河口外，布
列塔尼南岸的奇布宏灣和摩比翁灣也都是優良的培養地點，除
此之外，諾曼第（Normandie）、地中海的Bouzigues、西南部的
Arcachon和Marennes等地也都有少量的培養，不過，還是以布列
塔尼出產最為著名。

·阿卡雄扁型生蠔

250平方公里的三角型海灣僅有一個3公里寬的出口和大西洋
相通，波爾多西南邊的阿卡雄海灣是全歐最大的蠔苗供應地，
海水特別溫暖的淺海，加上許多淡水小溪流注入減低鹽分，是
生蠔非常容易繁殖的絕佳地點。

阿卡雄的生蠔業主要以凹型生蠔為主，但偶爾也會產一點扁
型生蠔，本地將之稱為「Gravette d'Arcachon」，從羅馬時期就
相當出名。不過現在水溫高、生長快的阿卡雄生蠔，似乎並不
特別受到讚賞。海灣裡因為混有淡水，生蠔少了碘與海藻味，
比布列塔尼產的溫和中性，屬大眾口味。唯有較接近大西洋的
弗爾雷角（Cap Ferré）有較高的碘味，也比較細緻。

·Bouzigues扁型生蠔

半封閉的多灣（Etang de Thau）是法國地中海岸最重要的生
蠔產地，主要採用棚架式懸掛養殖，其中以Bouzigues附近產的
最為著名，特別是Bouzigues的扁型生蠔更是受到好評，非常稀
有，強勁的碘味與榛果餘香是最大特色。

波爾多西南邊的阿卡雄海灣是全歐最
大的蠔苗供應地。

· 諾曼第扁型生蠔

　　諾曼第是離巴黎最近的生蠔產地，在交通不便的時代，巴黎人吃的生蠔大部分來自諾曼第。臨北海的諾曼第海岸水流強大，高低潮汐相差達18公尺，所以沒有河口培養的環境，主要都在海岸養殖，不過因為浮游生物豐富，養成的生蠔還算肥美，但有較重的碘味與海水味。本地的養殖以凹型生蠔為主，不過也有少量的貝隆生蠔養在雷偉灣（Baie des Veys）、聖瓦斯特－拉烏格（Saint-Vaast-la-Hougue）和科當丹（Cotentin）。最特別的是，諾曼第還有兩處野生扁型生蠔群沒有遭到寄生蟲的侵襲，是法國生蠔最珍貴的基因庫。

· Marennes扁型生蠔

　　馬衡歐列宏地區，位處波爾多北方一百多公里的大西洋岸，因為有許多半島和島嶼的隔離效果，加上河水的注入，也有適當的環境可繁殖生蠔，不過以凹型生蠔為主。馬衡歐列宏地區因為克雷爾水池培養的綠色生蠔聞名，堪稱最美味的生蠔，本地雖然也產一點扁型生蠔，但卻遠不及綠色長牡蠣出名。

產於諾曼第的Spéciale凹型生蠔。

生蠔的分級

　　不論是貝隆生蠔或是凹型生蠔，全都是依照蠔殼的大小和重量來分級。和所有的食物一樣，並非越大越好，所以生蠔的分級主要是提供大小與重量的差別，和品質沒有絕對的關聯。在法國的水域，超大號的生蠔通常需要養殖更長的時間，成本和風險都比較大，因為稀有，價格貴，但不見得比較好吃。生蠔在出生後的前幾年生長得相當快，但4到5年之後即使多養幾年也不見得會再長大。

　　太小的生蠔味道比較淡，肉質軟，較無彈性，太老的生蠔肉質會變得太硬，太韌。所以一般在法國布列塔尼養殖的貝隆生蠔，大約3到5年左右最好吃。至於凹型生蠔成長較快，大約3年左右最適合。在西歐的環境，生蠔每年有兩季的成長期，所以

會在貝殼的紋路上留下有如年輪般的痕跡，每兩圈大約代表一年，光從外表就可以算出每隻生蠔養殖多久。

生蠔外殼的大小不一定完全和年齡有關，養殖的環境以及個體之間的差別也都會有影響，生長太快的生蠔不見得比較好吃，反而緩慢成長的滋味比較好。至於蠔肉的大小也和環境有很大的關係，通常海中養殖的肉比較少，河口或養殖池培養的肉會比較多。

貝隆生蠔目前並沒有針對蠔肉分級，但凹型生蠔則有較明確的規定：Spéciale等級的肉最飽滿，「肉值指數」在100：10.5以上；Fine次之，「肉值指數」100：6.5以上。

依據我個人的喜好，貝隆生蠔大約No. 0到No. 2之間大小最好，凹型生蠔則是No. 1到No. 3之間，不過還是視產區、季節和養殖法而定。

不同大小等級的貝隆生蠔正在進行澄清。貝隆港諾貝萊養殖場。

貝隆生蠔的等級								
等級	No.000	No.00	No.0	No.1	No.2	No.3	No.4	No.5	No.6
重量*	100-120克	90-100克	80克	70克	60克	50克	40克	30克	20克

凹型生蠔的等級							
等級	No.0	No.1	No.2	No.3	No.4	No.5	No.6	
重量*	150克以上	111-150克	86-110克	66-85克	46-65克	30-45克	小於30克	

*一個帶殼生蠔的重量

品嘗
貝隆生蠔

法國至今流傳一則有關食用生蠔季節的原則：只要拼音裡沒有R字母的月分，也就是說從5月到8月，都不適合品嘗生蠔。這樣的說法甚至有法令佐證。十八世紀時有禁止在4到10月間補蠔的禁令，後來才縮短為5月到9月。不過這樣的禁令是為了讓生蠔能夠繼續繁殖，而且在交通不便的年代，生蠔在氣溫較高的夏季很難保鮮，無關美味。

繁殖期的蠔肉吃起來略失脆爽口感，呈乳膏狀，比較油肥，也比較膩口，不過生產時的生蠔更為滋養，有更多的維他命與微量元素。此時生吃也許有些人不是特別喜歡，但因為肉多，煮熟後卻反而比一般生蠔好吃。其實，在水溫較低的養殖區，生蠔不見得會進行繁殖，所以夏季並不一定就沒有美味的生蠔可享用。

離水之後，生蠔會緊閉外殼，只要溫度一直維持在5-10℃之間，可以存活10天以上，通常第3、4天左右滋味最棒。生蠔死掉之後，內收肌會變得鬆弛，貝殼會鬆開，很容易辨認。為求絕對新鮮，而且保持水分，生蠔必須現開現吃。在巴黎，餐廳裡專業開生蠔的服務生，5分鐘就可以打開上百個生蠔，完全不用預先開好。

開啟生蠔的技巧

貝隆生蠔的殼易碎，而且閉殼肌的位置比較偏中心，開法和一般凹型生蠔用刀子由側面三分之二處的貝殼間縫隙切入的開法不太一樣。首先，用一塊布墊在手上，然後握住貝隆生蠔，深凹的一面朝下，平的一面朝上，這樣當生蠔打開時，蠔殼內的汁液才不會流掉，必須注意讓較圓的一邊朝向自己，較尖的一端向外。用刀鋒在兩面貝殼相接的尖端挖切，切出一個

離水之後，生蠔會緊閉外殼，只要溫度一直維持在5-10℃之間，可以存活10天以上。

開凹型生蠔，需用刀子由側面三分之二處的貝殼間縫隙切入割斷閉殼肌，撬起殼蓋。

1   2   3

切口。這是比較困難的步驟，找對接縫，先鑽後切是成功的祕訣。接著稍微使力略轉刀背，將刀子沿著上面的殼蓋邊撐邊滑進生蠔內部。刀子往前割斷位於貝隆生蠔中央的閉殼肌，這時殼蓋馬上鬆開，順勢朝自己的方向旋轉刀背，輕易地就能撬起殼蓋。

生蠔打開之後要保留殼內的海水，因為那是佐伴生蠔最好的調味料。為了不讓生蠔傾斜翻倒，打開後通常會放置在堆有碎冰的盤子上，同時也可以讓生蠔保持在低溫的狀態。不過有些人認為冰塊的溫度太冰，雖然會讓生蠔的肉吃起來更脆爽，但卻會減少生蠔的香氣，所以也有人在盤上鋪海草取代碎冰。一人份的前菜通常6隻生蠔就夠，最多也很少超過12隻。

開好的生蠔上桌時，為了確定是否新鮮，可以用刀尖碰觸生蠔的外套膜。如果馬上快速收縮表示生蠔還很有生命力，加入檸檬汁時也會產生同樣的效果。在餐廳裡，開好上桌的生蠔其閉殼肌的一端還跟殼連在一起，所以吃之前要先用刀子切開。

小心臭包

在生蠔的養殖過程，當有貝殼碎屑或異物進入蠔內時，生蠔會排出許多的碳酸鈣分泌物將碎屑包裹起來，在殼內產生一個包著海水和異物的密封內穴，因為內含有機質，如果不慎將附蓋其上的碳酸鈣層弄破，會流出腐敗的汁液，並散發難聞的臭味。

這樣的情況雖不多見，但貝隆生蠔似乎較常發生，位置通常在生蠔的正下方，用刀子割取蠔肉時要特別小心。

海水是最好的調味料

除非是大型的貝隆生蠔，肉多而老或是正處繁殖季，蠔肉比較適合做成焗烤的菜餚，不然一般還是以生吃的滋味最棒，而且什麼都不用加，以蠔殼當盤子，直接將蠔肉伴著殼內的海水

Chez Jacky餐廳是最適合品嘗貝隆生蠔的地方，以貝隆河與出海口的優美景致，搭配餐廳自產的美味貝隆生蠔及布列塔尼的美味海鮮。

一起吸入口中。原始而直接，只要生蠔的品質夠好，再精緻豐富的烹調也比不上。如果說可以加一點調味讓味道更均衡，那擠上一點檸檬汁，增添一點爽口的酸味就夠了，傳統老式的餐廳會提供加了紅蔥頭末的紅酒醋，味道有點重，至於味道更重的雞尾酒醬就絕對要避免。

適合搭配的葡萄酒

雖然普魯斯特曾經提到，以索甸搭配生蠔當做晚餐的開始。這種貴腐甜酒看似過於濃甜，但其實頗有提味的效果，不過，配法還是有些過時老氣。

現在，有著清新酸味的年輕干白酒被認為是佐伴生蠔的最佳飲料，通常價格都相當便宜。至於陳年、太過濃重，或有橡木桶氣味的高級干白酒反而不適合。

最典型的是產自布根地夏布利產區（Chablis）的白酒，不僅酸味高，酒中的檸檬與礦石香氣也能和貝隆生蠔有相當協調的結合。來自羅亞爾河下游的Muscadet口感稍淡，但有爽口酸味配上青蘋果與礦石香味，也很受歡迎。

香檳是比較奢侈的選擇，最好選用以夏多內（Chardonnay）葡萄為主釀成、口感稍淡一點的香檳。

除此之外，阿爾薩斯地區所出產的一般白皮諾（Pinot blanc）、希瓦那（Sylvaner）和麗絲玲（Riesling）葡萄釀成的干白酒，羅亞爾河上游的松賽爾白酒（Sancerre），以及波爾多以白蘇維濃（Sauvignon Blanc）品種為主釀成的清淡干白酒，也都是佐伴生蠔的佳釀。

跟許多人的認知不同，紅酒也可以搭配生蠔，只是要特別慎選，較為清淡，少單寧澀味並且有較高酸味的紅酒最為合適，例如以加美（Gamay）釀成的薄酒萊（Beaujolais）紅酒。

貝隆生蠔經常以木盒包裝，內墊海草保持濕度，置放冰箱冷藏可以存活一個星期。

來自羅亞爾河下游的Muscadet有爽口酸味配上青蘋果與礦石香味，很適合搭配生蠔。

Chapter 3

布烈斯雞

Poulet

de

Bresse

毫無爭議的，布烈斯雞被大部分的人認為是法國雞中的極品，特別是聖誕節才上市的布烈斯閹雞與肥母雞。那確實是極品中的極品：肥嫩的雞肉幾近入口即化。身處復辟時代的美食家布里雅－薩瓦漢（A. Brillat-Savarin），對於美食總愛以稱王稱后做為形容詞中的最高級，對於布烈斯雞的稱讚真是到了極致，他說布烈斯雞是「禽中之后，王者之禽」。

法國雞中
的極品

從布根地（Bourgogne）盛產葡萄酒的山坡出發，往東一跨過蘇茵河（La Saône）就進入布烈斯（Bresse）平原了。但是，卻似乎像到了另一個國度的感覺。平緩的平原經常飄著濃霧，讓我總是在曲曲折折的鄉村路上迷失方向。這一片肥沃富饒的平靜鄉間，一路蔓延到里昂的北郊才終止，有近百公里的靜謐可以享受。時間似乎在布烈斯靜止過很長的一段時間，沿途的每一間農舍，都還是如大戰前的明信片那般，由木造的梁柱與磚砌的牆，頂著不成比例的巨大屋頂，矗立在一年四季都是一片翠綠的草地上。

這是一處不太為外人熟知的土地，也因此，為觀光客到處亂竄的法國，保留了一小塊迷人的鄉間風情。在布根地住過一陣子，但卻沒有住在鄉下的感覺，唯有到了布烈斯，才覺得真正舒緩停歇下來。不得不承認，我是先愛上這裡的風景，才喜歡上這裡的雞。雖然，在第一次親身來到布烈斯之前，已經吃過許多次法國頂尖廚師烹調的布烈斯雞了。

雖然時代迅速地變遷，但飼養禽類在布烈斯還是相當盛行，或者可以說是地方上最主要的產業，這從本地旅遊中心門口海報上的標語——布烈斯不只有雞——就可以知道對外地人而言，布烈斯和雞是可以畫上等號的。

毫無爭議，布烈斯雞被大部分的人認為是法國雞中的極品，特別是聖誕節才上市的布烈斯閹雞與肥母雞。那確實是極品中的極品：肥嫩的雞肉幾近入口即化，用一支湯匙就能輕易地挖下一塊鮮美的胸肉。身處復辟時代的美食家布里雅－薩瓦漢，對於美食總愛以稱王稱后做為形容詞中的最高級，對於布烈斯雞的稱讚真是到了極致，他說布烈斯雞是「禽中之后，王者之禽」。普通的布烈斯雞價格就比一般的雞貴上數倍，買一隻布烈斯閹雞更得花上數千，甚至上萬台幣。無論如何，王者的美

布烈斯雞的典型農舍，由木造的梁柱與磚砌的牆，頂著巨大不成比例的屋頂，立在總是一片翠綠的草地上。

布烈斯平原盛產玉米，是布烈斯雞的主要飼料。

味總是要付出宮廷般的價格才吃得到。

聲名卓著的布烈斯雞，從1957年開始，成為第一個、也是唯一的AOC／AOP法定產區等級的雞，除了是法國高級餐廳必用的食材，世界各地的頂級法國餐廳也經常點名使用。現在布烈斯每年生產150萬隻，相較於法國每年生產的6億隻工業化飼養的飼料雞，實在如滄海一粟。由於布烈斯雞的飼養方式耗時又耗工，飼養成本非常高，很少有企業化的大型養雞場願意投資。現在，三百二十一家布烈斯雞養殖戶中，每年豢養隻數超過一萬的不到十分之一。

養殖布烈斯雞的大多是自給自足的小型農家，常常是夫婦兩人以及小孩共同承擔農場內的所有工作，僅有在農忙時聘用臨時的工人，為了在工業化大型農業興盛的時代求生，這些農莊常常是多元化經營，除了養雞外，也養其他家禽或家畜，偶爾也生產乳酪，並種植蔬菜，供應鄰近傳統市場的需要，夏季甚至還要經營民宿。

布烈斯婦女以填鴨的方式為布烈斯雞增肥。

以動物性脂肪或魚粉製成的飼料，大量混合加速生長的荷爾蒙和防止疫病的抗生素，1個月大就可以上市的速成雞，完全改變了人們對雞肉的認識。雞肉成為最便宜的肉品，但也失去了原有的豐富滋味與彈性肉質。

在三〇年代，布烈斯農家婦女們在自家農場的草地上所養的布烈斯雞，每年就超過400萬隻，當時和現在相比，布烈斯雞雖然同樣享有崇高的名聲，但現在產量卻只剩當年的三分之一，由於堅持自然的養殖成本，布烈斯雞必須賣得比工業化養殖的雞貴上三、四倍，甚至更多，讓一般的法國家庭每年只能在特殊節日吃上一回。

自然的美味變成最奢侈的食品，也許這正是工業化生產的最大悲哀吧！連在法國這樣的美食強國也無可倖免。但無論如何，我們也該慶幸還有這樣的雞存在，除了自然，還包含了傳統與土地的特色。特別是，牠們還妝點了布烈斯的美麗風景。

披著法國國旗的
布烈斯雞

　　鮮紅的雞冠、純白的羽毛以及藍色的雞爪，布烈斯雞身上的顏色正是法國國旗上的紅、白、藍三色。這個品種的雞稱為加律斯（Gaullus），布烈斯雞其實只是俗稱。在布烈斯地區原本還存在著兩種顏色不同的別種，包括盧翁黑色雞（noire de Louhan）和布爾格灰色雞（grise de Bourg），但是，現在布烈斯雞法定產區只允許採用白色種的雞。不同於一般的雞種，布烈斯雞的皮特別細滑，肉也特別白，而且增肥的速度特別快，同時骨頭卻又特別細。

　　布烈斯飼養雞的歷史已超過2,000年，西元一世紀時，來自南方的入侵者帶來了安達魯西亞種的雞，和本地的雞種交配後，成為現在布烈斯雞種的祖先。不過，布烈斯雞這個名稱在十六世紀末才第一次出現，一份布爾格市1591年的文件記錄，布爾格市民贈送24隻布烈斯雞給鐵霍侯爵（Marquis de Treffort），以感謝他驅逐了薩瓦公爵國（Savoie）的軍隊，兩年之後，布烈斯南部正式劃入法國的版圖。

　　布烈斯雞適應環境的能力相當好，所以除了布烈斯之外，也在法國其他地方養殖。不過由於環境不同，養雞的方式也沒有受到控管，並不能以布烈斯雞的名義販售。

布烈斯婦女的私房錢

　　除了雞種特殊，布烈斯雞過去能如此著名，主要是靠著當地農家婦女的養殖技術。一般的布烈斯農家都有養雞，大多由女性負責照顧，男人負責的是種植作物和照顧牛隻。農婦們養的雞，除了自己吃之外，多餘的就拿到市場上賣，布烈斯的盧翁鎮（Louhans），是鄰近地區最重要的市場，許多雞肉商都到盧翁鎮採買高品質的布烈斯雞。即使至今，每週一城裡都還有規

模龐大的露天市集。在市場上的賣雞所得，是當時布烈斯婦女私房錢的主要來源，她們用賣雞換得的錢，在市場上購買香皂之類的生活用品，或甚至服裝和首飾。

為了賣得好價錢，布烈斯農婦們想出許多特別的養殖方法，讓雞肉更加美味，其中最著名的是在養殖的後期，以填鴨的方式餵食，每天兩次，讓雞肉滿布油花，吃起來特別肥美可口。這也是為何布里雅－薩瓦漢，在十九世紀時特別喜歡布烈斯雞的主要原因。在當時，養出肥美布烈斯雞的農婦，不僅能在市場上賣得好價錢，而且還會引來鄰居太太的嫉妒。

為了保存雞肉，農家婦女們用布和針線，將去毛的雞肉緊緊地包裹，成為橄欖球般的形狀，再懸掛起來，因為減少了與空氣接觸的機會，可以保存較長的時間。這個方法也讓雞身上的脂肪，更均勻地和肉混在一起，而且，經過幾天的熟成，肉質比新鮮雞肉更柔軟好吃。

五〇年代後，農村經濟的改革讓養雞成為專門的事業，不再只是婦女的副業。現在布烈斯三百多家養雞戶，反而大部分由男性主導，每年養殖的規模也增加成數百到數千隻，甚至上萬隻。當年，每個農家婦女都在自家農場有個養雞場的時代已經過去了，代之而起的是更加專業，也更加制度化的養殖方法，而耗費時間和人力的填鴨養殖方式，也已不復存在。但是，無論如何，許多傳統婦女所累積的珍貴養雞經驗，還是透過布烈斯雞法定產區的明文規定被保存了下來，繼續傳承到未來。

Saint Usuge村的養雞農查爾斯是自巴黎下鄉的知識青年，在他自給自足的農場裡，以飼養高品質的布烈斯雞和自製羚羊乳酪為傲。

鮮紅的雞冠，純白的羽毛，以及藍色的雞爪，布烈斯雞身上的顏色正是紅、白、藍三色。

盧翁鎮是布烈斯的首府，鎮上在星期一早晨的市集，已經有700年歷史，過去一直是布烈斯雞最重要的集散市場。

布烈斯

　　雖然布烈斯在法國的行政區上被支離破碎地分成安（Ain）、蘇茵－羅亞爾（Saône et Loire）和侏羅（Jura）三個縣，並且這三個縣還分屬於隆河－阿爾卑斯（Rhône-Alpes）、布根地－佛朗虛－貢蝶（Bourgogne-Franch-Comté）兩個互不隸屬的區。但是，在地理上，布烈斯卻是一個相當完整獨立的區域，位在法國東部，是一片南北長100公里、東西寬35公里的平原區，介於中央山地與侏羅山之間，是由蘇茵河沖積而成的肥沃平原，海拔高度大約在200公尺之間，偶爾有非常和緩的小圓丘，並且散布著許多的池塘。

　　在一百八十萬年前的第三紀上新世（Pliocene），布烈斯全部淹沒在一個大湖裡，當年湖底沉積的泥灰質土與沙子，和湖水消退後蘇茵河和支流塞伊河（Seille）及都伯河（Doubs）所帶來的河泥，構成今日布烈斯平原上深厚肥沃的土壤，富含許多黏土質，甚至包含許多更黏密的矽質黏土，土壤的透水性差，石灰和磷酸的含量都很低。這樣的條件讓布烈斯的土地不僅肥沃，而且非常潮溼，地底下生長著許多蚯蚓和軟體動物，同時地表也覆蓋著茂盛的青草地與連綿無盡的玉米田。

　　這樣的地理環境，除了讓放養在草地上的布烈斯雞有著豐富的青草與昆蟲來補充養分，也讓養成的布烈斯雞具有本地特色。布烈斯東西兩邊的金丘區（Côtes d'Or）和侏羅區，都是以侏羅紀多石灰質的土壤為主，兩地都是全球知名的葡萄酒產區，但當地的雞農認為石灰質的土地並不適合養布烈斯雞，雞腳的顏色會偏黃，肉質和味道也不一樣。在布烈斯缺乏石灰質的土地上，雞可能因缺乏鈣質，骨頭比較細，長出較多的肉，且有布烈斯雞特有的藍色雞腳。現在的布烈斯雞AOP法定產區的範圍，就是依照布烈斯地理區所畫出來的，所有的布烈斯雞都必須在這樣的環境裡長大，以保有在地的風味。

布烈斯平原潮溼肥沃的土地上，滿布著玉米和蕎麥田以及翠綠的草地。

　　雖然布烈斯在地理環境上相當一致,但在文化上卻南北不
同,布烈斯北部以盧翁鎮為中心,在歷史上屬於布根地,南部
以布爾格市(Bourg-en-Bresse)為中心,在歷史上卻屬於薩瓦伯
爵國的土地,一直到十七世紀才成為法國的一部分。

　　因為歷史的分隔,南北兩邊的景觀雖然類似,但卻有許多
文化與經濟上的差異,而且兩地的布烈斯人至今還有彼此競爭
較勁的意味。特別是他們在法國的行政區劃分上,也被分隔開

來，更加深了合作上的困難。而保留布烈斯雞的美好傳統是他們少數的共識之一。

盧翁鎮

　　位在塞伊河畔的盧翁鎮是一個僅有6,000居民的鄉間古鎮，人口僅是布爾格的七分之一，也許因為盧翁鎮的市集，在現代產銷制度興起之前，一直是布烈斯雞的集散地，因此在許多人心中一直是布烈斯雞的首府。

　　從中世紀就相當興盛的盧翁鎮市集，已經有700年歷史，全鎮的中心是一條貫穿全城的大街，因為是隨著市集的擴張而建，有一點曲折，兩旁則是成排的拱形騎樓，多達157個，其中有許多建於中世紀。每個星期一舉行的市集，至今都還是布烈斯區第一，除了占滿整條大街，幾乎全城各處也都擺滿了攤位。

　　布烈斯雞的買賣除了零售，雞肉盤商已經很少在盧翁鎮的市集交易了，不過市集裡還保留了一個買賣家禽與家畜的地方，有些雞肉商販售已經去毛的布烈斯雞，附近的業餘農家也可以在這裡買到純種的布烈斯雛雞帶回家飼養。雖然熱鬧依舊，但是百年前布烈斯婦女們將自己飼養、肥碩美麗的布烈斯雞，裝在木造雞籠子裡，擺滿大街騎樓的場景已不復存在。養雞場的規模變大之後，雞商都早已改為直接採購了。

　　布烈斯雖然有四條高速公路經過，但卻是個一直以農業為主的地區，除了布烈斯雞的養殖業之外，種植穀物和畜牧業是本地的經濟命脈。除了盧翁鎮和布爾格市之外，布烈斯幾乎沒有其他稍具規模的村落，大部分的布烈斯人都住在傳統磚造的獨立農舍內，方便照顧周圍廣闊的玉米田和牧場，布烈斯雞在這裡，比在農民集居的村內地區，有更寬廣的豢養空間與豐美的草地。

布烈斯和雞是可以畫上等號的，布烈斯雞的標誌有如圖騰般到處可見。

百年前布烈斯婦女們將自己飼養的布烈斯雞，裝在木造雞籠裡，擺滿盧翁鎮大街的場景。

布烈斯雞產區圖

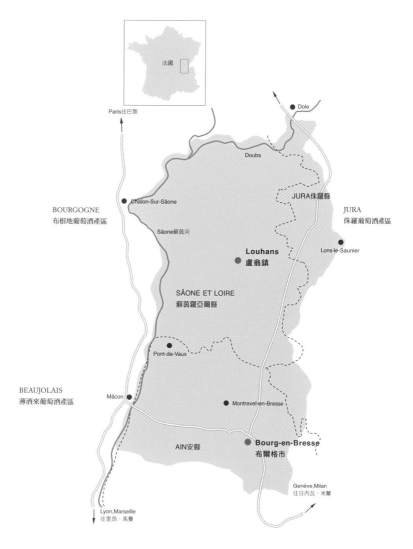

法國

Paris往巴黎

Dole

Doubs

Châlon-Sur-Sâone

BOURGOGNE
布根地葡萄酒產區

Sâone蘇茵河

JURA侏羅縣

JURA
侏羅葡萄酒產區

Louhans
盧翁鎮

Lons-le-Saunier

SÂONE ET LOIRE
蘇茵羅亞爾縣

Pont-de-Vaux

BEAUJOLAIS
薄酒來葡萄酒產區

Mâcon

Montrevel-en-Bresse

AIN安縣

Bourg-en-Bresse
布爾格市

Genéve,Milan
往日內瓦、米蘭

Lyon,Marseille
往里昂、馬賽

布烈斯雞
的養殖

育種中心與孵蛋場

五〇年代之後，布烈斯雞的養殖開始出現層層分工，為了保存品種的純度，布烈斯雞的孵育工作不再由農家自行育種，所有的雞種全部來自位在Saint-Etienne-du-Bois村的育種中心。在那裡，研究人員讓挑選過的公種雞和母種雞進行交配，以生出符合布烈斯雞優點，同時又健康、適應環境，且存活率高的小雞。母雞生出來的蛋，賣給布烈斯區內僅有的三家孵蛋場，大量孵出小雞後，在一天內賣給需要的養雞場。這比過去由母雞自己孵蛋或農家用燈泡孵蛋更有效率，也更能保持每隻雞的品質。

傳統的布烈斯雞養殖都是由母雞自己照顧小雞，但現在的飼養法是孵蛋場送來500隻同一天出生、才一天大的布烈斯種小雞，一起養在雞舍內，不僅不能混養不同的品種，也不能混養不同年齡的布烈斯雞。也許因為沒有母雞的照料，小雞非常敏感容易受驚嚇，加上小雞非常怕冷，雞舍通常設有保溫設備，必須特別小心照顧。依規定雞舍不能太小，每平方公尺不得超過10隻雞。小雞在封閉的雞舍內最多待上5週，之後必須放養到草地上。一開始小雞的毛是淡黃色的，但到了放養時已經是一身純白的雞毛。

草地放養

草地放養是布烈斯雞最特別的地方，也是本地傳統的養法。為了讓布烈斯雞有良好的環境與足夠的活動空間，雞必須圈養在5,000平方公尺以上的廣闊草地，雞群不能超過500隻，每隻必須有平均10平方公尺以上的空間。寬敞的草地可以讓布烈斯

為了保持純種的布烈斯雞，所有的布烈斯雞都來自育種中心，由孵蛋場孵化後再送到農場養殖。

5個星期大的布烈斯雞開始放養到草地上活動和覓食。

雞盡情地活動，在飼主餵養的穀物與牛奶之外提供豐富的副食品。生長在草地上的蚯蚓、軟體動物及昆蟲，甚至鮮草的嫩葉和野花，都是布烈斯雞覓食的對象，可以補充維他命和蛋白質等養分。由於雞隻並不特別喜歡晒太陽，所以草地邊最好能有小樹林，讓雞隻們有休息和躲避艷陽的地方。為了免除雞群之間的干擾或疾病的傳染，每塊養雞的草地之間也規定必須相隔200公尺以上。

布烈斯雞白天放養在開闊的草地上，太陽下山前，雞群們會回到雞舍裡過夜，在這裡，布烈斯雞可以享用玉米和牛奶。

養完一批雞之後，放養的草地還必須經過一段很長的時間休息，培養更豐富的生物，AOP法規規定，在法定產區裡，同一塊草地一年最多只能養兩批雞，大約有一半以上的時間要休養。在養兩批雞之間，雞農常會在草地上堆放自然的有機堆肥，讓將來養在這塊土地上的雞能有更多的蟲子可吃，以提高天然的蛋白質，長出更多的肉。

為免狐狸等動物晚上獵捕布烈斯雞，每一塊圈養地都蓋有雞舍，白天在草地上運動覓食，晚上天黑之前回到雞舍內過夜。每天天剛亮的時候雞農就要把雞舍打開，讓牠們到還沾著露水的草地上活動進食。自由放養至少要維持9週的時間，這時飼主只要一、二天餵一次飼料，早晚為雞舍開關門即可，這是最輕鬆的階段。

雞飼料

布烈斯盛產玉米等穀物，酪農業也很發達，傳統的布烈斯婦女就是以自家農場出產的玉米和牛奶做為養雞的飼料。法定產區的法規也遵循這樣的傳統，規定布烈斯雞所吃的飼料必須產自布烈斯地區的穀物，包括玉米、蕎麥、小麥、燕麥和黑小麥五種。其中以玉米最為重要，玉米是在十六世紀末和十七世紀初之間引進布烈斯平原，不過和現在布烈斯普遍種植的美國黃玉米完全不同，傳統的布烈斯玉米是白色的，但因為產量和抗病能力都不及黃玉米才逐漸被淘汰，現在雖然還有種植，但產量非常少，當地老一輩的養雞農婦認為，吃白玉米的布烈斯雞

身上的脂肪更加雪白，和現在略帶乳黃色的脂肪不太一樣。

牛奶除了鮮奶外，也可使用奶粉或生產乳酪時剩餘的乳清。曾經有雞農建議使用含有豐富蛋白質的大豆來餵食布烈斯雞，以取代昂貴的牛奶，但是最後因布烈斯不生產大豆而作罷。

餵雞的飼料在初期通常用磨碎的玉米混合奶粉，放養草地時則直接餵玉米，玉米和牛奶約10：1，土裡的蟲子也是主要的食物之一。到了增肥的時期有些農家會將穀物磨成粉加水調成糊狀，甚至加熱煮過，讓雞能更快速消化，在這個時期米也可以加入飼料之中。

除了穀物與乳製品，其他的添加物都不能用來餵食布烈斯雞，即使是治療用的藥物也都必須有獸醫的處方才能餵食，在宰殺前3週更完全禁止吃任何的藥物。

在épinette木造雞籠中進行增肥是布烈斯雞飼養的最後階段。

增肥

經過9週以上的草地放養，開始要進入增肥的階段，布烈斯雞將分批帶回農場，關進一種稱為épinette的木造雞籠內進行增肥。依據規定，增肥必須至少分三次進行，所以每次養雞農必須要在雞舍裡挑選長得比較大的雞帶回農場。雞不僅不容易抓，還容易受驚嚇，常常因擠成一堆而窒息死亡，所以抓雞都選在晚上，利用雞睡眠時不易被吵醒的天性，可以隨心所欲地完成工作。

在放入木造籠子裡之前，必須先替雞剪除銳利的指甲，以防止抓傷其他同籠內的雞，只要皮膚上出現刮傷，就不能成為法定產區等級的布烈斯雞了。另外也要戴上養雞者的腳環，做為雞的身分證明。

增肥是布烈斯雞得以在口味上大受歡迎的原因之一，是不可或缺的步驟，épinette是一種相當低矮窄小的木造雞籠，是本地傳統的養雞工具，除了增肥時可用，也可當運輸工具。關在籠子裡的布烈斯雞，每天餵食兩次，以大量的玉米和奶粉為主，因為沒有太多的空間可以運動，雞的身上會開始長出脂肪來。

當地的養雞人家習慣形容草地放養的雞有如參加環法自行車賽，身上長出堅硬結實的肉，雖然肉有彈性，但太硬不好吃。放進雞籠內增肥則像把比賽後的雞送到蔚藍海岸渡假，每天躺著吃喝，讓肌肉鬆弛一下，並且長出一點豐盈的油花來。混合這兩個過程，雞肉的質感會更均衡美味。

增肥的時間視情況而定，大約8到15天左右，布烈斯雞身上就會長出一圈勻稱的油脂來。只要翻開翅膀內側的雞毛，看不到淡肉紅色，全變成白色，大概就已經夠肥了。通常母雞增肥較快，8到10天就夠了，公雞常常要2個星期以上。布烈斯婦女過去也仿效生產肥鵝肝的農家用填鴨的方式來養雞，把布烈斯雞養得肥肥胖胖地賣個好價錢，但因為經濟考量現在已經沒有人進行這樣的養殖法了。

一隻布烈斯雞從出生到完成增肥，必須超過4個月以上才能宰殺，增肥的時間也不得短於8天。除毛去內臟後的重量必須超過1.5公斤才能稱為布烈斯雞。不過，這只是最低規定，一隻美味的布烈斯雞最好能在1.8到2公斤之間。一般公雞稍重一點，肉比較結實耐煮，母雞輕一些，肉比較嫩，適合烤或蒸煮。

為了嚴格控管布烈斯雞的品質和仿冒，所有布烈斯雞都必須由布烈斯區內領有執照的雞肉商在當地宰殺，去雞毛和內臟，並在雞脖子上嵌一個金屬製的紅、白、藍三色封章，以及貼上布烈斯雞AOP法定產區的貼紙。由於布烈斯雞的皮相當細，所以去毛大多採乾式去毛法，不泡熱水直接用機器去掉雞毛，如果要用溼式去毛，水溫也不能太高，以免破壞了布烈斯雞細白的皮膚。

布烈斯閹雞與布烈斯肥母雞

除了一般的布烈斯雞，本地在聖誕節時也產布烈斯閹雞（Chapon de Bresse），這是肉質最鮮嫩柔軟的雞肉，也是法國聖誕節時最讓人期待的美味。去勢的公雞因為不再把養分用於生殖，所以比一般公雞長出更多的肉和脂肪，肉質也更細膩，柔

軟多汁。

養殖的方法類似，但要比一般的布烈斯雞多花上一倍的時間。閹割大約在雞成長到6至10星期時進行。在草地上放養的時間要超過23週，且每20平方公尺的草地最多只能養一隻，增肥的時間更要一個月以上，並且總共要足8個月，去雞毛與內臟後重量要超過3公斤。上市前，閹雞必須依傳統用布緊緊地縫包起來。

布烈斯肥母雞（Poularde de Bresse）的滋味也不輸閹雞，一樣養得圓肥豐滿。布里雅－薩瓦漢認為，在所有肥母雞中，布烈斯產的是他的最愛，他說布烈斯肥母雞被稱為最細緻的肥母雞，圓得像顆蘋果。

肥母雞的養法也很類似，要在草地放養11個星期，增肥的時間也長達1個月，而且總共要養足5個月以上，去雞毛與內臟後重量要超過1.8公斤。有時也會用布包起來，肉質介於布烈斯雞與閹雞之間。也是聖誕節前後才有的美味。和布烈斯閹雞並列布烈斯的明星產品。同樣屬於法定產區等級的家禽還有布烈斯雌火雞（La Dinde de Bresse），須飼養超過7個月，每隻重達3公斤以上。因為羽毛深黑又稱為「布烈斯黑珍珠」。

布封

養殖閹雞和肥母雞的農家大多自己殺雞，因為之後還要用布縫起來。雞的養殖在布烈斯並非殺完之後就結束。布封（roulage）是布烈斯的傳統方法，一來美觀，二來雞肉味道和肉質會變得更豐富美味，同時也有利保存雞肉，即使相當費工，但卻一直流傳下來，不過只在較珍貴的肥母雞和閹雞才使用。布封過的雞因為經過擠壓作用，讓雞的外型像顆變型的橄欖球，翅膀、腳和雞身合成一體。雞身上的脂肪經過擠壓，滲透進雞肉內，讓肉質更加滑潤，布封阻絕了空氣，讓雞肉可以保存更久，有足夠的時間讓肉變得更軟。

要製作成布封的布烈斯雞，在放血時就必須非常小心，必

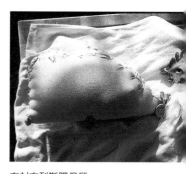

布封布烈斯肥母雞。

須將血全部放完，不然雞肉會出現紅黑色的斑點。小心地去毛之後，要整理乾淨，甚至有人用牛奶擦拭。等到雞肉的溫度稍冷之後就可以開始布封（太早包，雞肉太軟很難成型）。將雞背朝下放在一塊白色的棉布上，在雞屁股上墊一塊板子。包裹起來後用大針縫合，推壓雞肉讓空氣跑出來，然後用力拉緊縫線，讓布緊緊地包住雞肉。懸掛2天後就可成型。

　　無法現宰現吃，也許有人要懷疑布烈斯雞的鮮度，但事實並非如此，就像現宰的野味、牛、羊或一部分的魚，肉質其實比較硬，只要保存的溫度適當，經過幾天的熟成，肉質反而更柔軟好吃。布烈斯傳統用布將雞包縫起來，吊置兩三天之後風味其實會變得更好。

布烈斯雞大賽

　　1862年，德霍（de Hon）侯爵發起布烈斯雞的展覽與競賽，延續至今已經有一百多年的歷史。每年年底在聖誕節前夕，分別在布烈斯地區的四個地方：布爾格、朋德沃（Pont de Vaux）、蒙勒維爾－布烈斯（Montrevel-en-Bresse）以及盧翁鎮舉行。

　　每年都有數以千計養得最好的布烈斯雞參展，首獎的飼主可以得到一只由法國總統贈與的Sèvre陶瓶。這些比賽都分布烈斯雞、布烈斯閹雞以及布烈斯肥母雞三組，參賽的雞都經過布封，比賽評審並不試吃，而是完全用看的，從雞的勻稱與大小、油脂的分布等來評分。

　　因為裁判不吃，首獎的雞將成為總統府愛麗榭宮聖誕晚宴的主菜。其他二獎以下也成為當地搶購的目標，一般只要得獎的閹雞都能賣出400歐元以上的價格。有非常多的養雞農場都十分熱衷於參加比賽，將之視為榮耀與建立農場聲譽的方法。

在布爾格市舉行的布烈斯雞競賽。

盧翁鎮每年12月第三個星期三舉行布烈斯雞競賽。

辨識與品嘗
布烈斯雞

辨識布烈斯雞

布烈斯雞是法國法定產區等級的產品，並非所有布烈斯種的雞都可以成為布烈斯雞，也不是所有養在布烈斯的雞都可以稱為布烈斯雞。

唯有依據規定的養殖方法，並且養在布烈斯產區內的布烈斯種雞，才能成為真正的布烈斯雞。為了保證原產，所有的布烈斯雞全都必須在布烈斯宰殺。市場上銷售的布烈斯雞都會留頭，以及一小段頸上的白毛，所以從外表的紅冠、白毛與藍腳，就可以辨識是否為布烈斯種的雞。

雞的左腳上也會掛有飼養者的腳環做為辨識，可以分辨每隻布烈斯雞的來源。除此之外，符合標準的布烈斯雞身上會貼有AOP的標籤貼紙，而且頸子的下部會嵌有一個金屬製的紅、白、藍三色封章，標有「布烈斯雞業公會」（Comité Interprofessionnel de la Volaille de Bresse）的名稱。至於閹雞和肥母雞除了用布包縫起來之外，封章上還會多掛著一面寫著Chapon de Bress或Poularde de Bresse的紅底牌子。若是布烈斯雌火雞的話，則會掛有標示「La Dinde de Bresse」的黑底紅字掛牌。

品嘗布烈斯雞

在法國有數以千計的布烈斯雞食譜，例如三星主廚保羅・博古斯（Paul Bocuse）將布烈斯母雞連同蔬菜塞入豬膀胱裡蒸煮成復刻經典名菜「松露膀胱雞」（Volaille de Bresse truffée en vessie）；位在布烈斯區內的三星餐廳喬治布蘭克（Georges Blanc）則以濃稠的鵝肝醬汁來調味，做成招牌名菜Poulet de Bresse comme au G7，或者如知名主廚亞蘭・帕薩（Alain

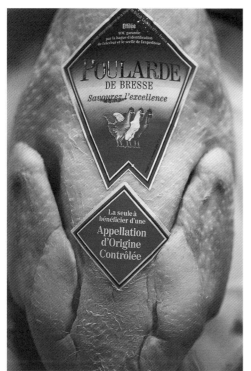

1	2
3	4

1.AOP的標籤貼紙。

2.布烈斯肥母雞的紅色掛牌。

3.每隻布烈斯雞都掛有壓印飼主資料的腳環。

4.合格的布烈斯雞脖子上有紅、白、藍三色金屬封章。

Georges Blanc是布烈斯地區最著名的餐廳,以布烈斯雞的菜色聞名。

Passard)將布烈斯雞與乾草一起烤,烤出充滿鄉村氣息的「稻草雞」(Poulet de Bress au foin)。

但是,在這麼多精采的食譜中最能表現布烈斯風味的,卻是簡單的烤雞作法,只要不烤過熟,隨時在雞身淋上烤雞滴下來的汁和油,再加一點鹽調味,就已經非常好吃。在布烈斯,冬天的時候常將烤過的雞加上鮮奶油煮成奶油醬(a la crème)的煮法,高級一點的再加入一些羊肚菇(morille),都是相當簡單可口的料理。

我吃過最好吃的布烈斯雞是喬治布蘭克餐廳所做的一道簡單料理,採用取自雞腿上側骨胛裡的一小塊sot-l'y-laisse(位於雞臀兩側上方的雞肉,精瘦而有嚼勁)的肉,只是簡單地弄熟,灑一點鹽,因為採用的布烈斯雞夠大,sot-l'y-laisse的肉每一塊都非常有彈性,一盤6個似乎很奢侈(因為每隻布烈斯雞僅有2塊),一口咬下,肥嫩多汁,有著久久不散的美味。

與所有最精彩的食材一樣,回歸原始的自然味道常能成為最雋永的味覺記憶。

布烈斯雞最適合做成烤雞，以保留自
然的滋味。

Chapter 4

給宏德鹽之花

Fleur

de

Sel de

Guérande

一片沒有調味，僅煎得半熟的生鵝肝，上頭若灑幾顆粗鹽，軟腴的鵝肝襯托硬脆的鹽，咬碎之後鹹味才慢慢地釋放出來。第一次品嘗這樣的料理，讓我發現，鹽也可以是一道菜的主角，那麼地搶鋒頭。產自法國布列塔尼（Bretagne）給宏德溼地的鹽之花，正是所有食用鹽中最特別的一種，是獨特的地理環境和傳統技藝交織而成的傳奇食鹽。

鹽田裡
的花

盛夏的午後，我按著煎餅店老闆指示，由給宏德（Guérande）城南的薩耶門（Porte de Saillé）出城，逆時針繞著依舊保存完整的十四世紀城牆和護城河來到城的西邊，沿著台地往土爾巴港（La Tourballe）開了1公里，在看見石造風車的路口左轉下到位在坡上的給尼貢村（Queniquen），一個寧靜樸實的鹽家小村。雖然已經過了午睡時間，村子裡仍靜悄悄地，一個人也沒看到。我停好車，走到村外的草地，往南望去，正是數千公頃的沿海溼地，一路綿延到大西洋岸邊的小村巴茲（Batz-sur-Mer）和跨立克港（Le Croisic）。

在十六世紀，每年有一千多艘來自歐洲其他國家的鹽船前來運載顆粒大、顏色白中帶灰的給宏德海鹽，這些北歐商船經常把跨立克港擠得水洩不通，這個現在已經變成觀光漁港的小鎮，一點都看不出曾經是當年法國在大西洋岸的第二大港。

在十六世紀，醃鱈魚乾的貿易正興盛，因可耐久保存，且在禁食紅肉的封齋期（Carême）也能食用，是全歐各地的主要食物之一。鱈魚屬冷水域的魚類，北歐國家擁有豐富的漁產，卻因為日照不足，無法製造海鹽來醃漬鱈魚，給宏德便以歐洲最北的海鹽場和布列塔尼免鹽稅的雙重優勢，成為當時西歐最重要的海鹽產地。船隻運來北方的穀物和貨品與鹽商交易，也有空的船隻載著壓艙石前來，在運走海鹽之後，把來自北地的石頭留在跨立克，成為本地特殊的建材。

站在給尼貢村的向陽山坡上，給宏德的鹽田盡在眼前，而且好戲正要上演。滿布著蘆葦的溼地，間雜著一方一方的鹽田。雖然已近傍晚，陽光依然灼熱，似乎連人都要被蒸發了，即使偶爾吹來微弱的東風也難消暑氣。逐漸地，鹽田裡像開花般地冒出了白點，然後很緩慢的變成白色——又是一個海鹽豐收的日子。

灰色的給宏德粗鹽和精白的給宏德鹽之花，雖然來自同一個鹽池，卻是口感與風味完全不同的純天然海鹽。

不過，豐收的並不僅是那些結晶在鹽田上的白色粗鹽，還包括漂浮在鹽水之上，幾近半透明的「鹽之花」（fleur de sel），這是一種更細緻、更潔白、更少為人知、也更稀有的珍貴海鹽。不過十六世紀時前來給宏德的鹽商並沒有看上這些數量稀少的鹽之花，鹽農們只能把這些鹽留著自己食用，或賣到附近的市場。

當時給宏德的灰白色粗鹽主要用來醃漬魚或其他的肉類和蔬菜，很少放到餐桌上當調味料，貴族家庭桌上鹽盒裡裝的大都是來自地中海地區的海鹽，氯化鈉更多更純，顏色也更潔白。鹽之花成為法國餐桌上的珍品其實是相當晚近的事——雖然在此之前，給宏德的鹽農們已經偷偷享用了好幾世紀。

也許正因為是日常飲食裡絕對少不了的東西，對人類生活具有重大影響的鹽，在大部分人的心裡卻是再平凡不過，更不要說會被當成美食特產。即使每天吃鹽，但很少人會問，鹽是否也可以有不同的味道。

確實，比起其他產業，製鹽業在許多國家經常有資本集中、獨佔性強的特性，選擇與變化不會太多。特別是在中式烹調裡，變化多端的是各式醬料與沾醬，而不是鹽，鹽也很少有機會如西式餐飲般直接放在餐桌上。

但現在，這樣的情況已經開始發生變化，過去特別講究醬汁的傳統歐洲美食，現在開始走向更開放、更多變的味覺經驗，讓鹽的角色變得更多元，除了提供鹹味的功能，還能表現其他細微的味道，鹽的顆粒也能營造出特殊的咬感，並且讓鹹味在料理中出現的方式變得更有戲劇性。

一片沒有調味、僅煎得半熟的生鵝肝，上頭略撒幾顆粗鹽，軟腴的鵝肝襯托硬脆的鹽，咬碎之後鹹味才慢慢地釋放出來。第一次品嘗這樣的料理，讓我發現，鹽也可以是一道菜的主角，那麼地搶鋒頭。產自法國布列塔尼給宏德溼地的鹽之花，正是所有食用鹽中最特別的一種，是獨特的地理環境和傳統技藝交織而成的傳奇食鹽。

在給宏德溼地上，鹽農們還一直用著和800年前一樣的方法晒鹽，在寒冷且陽光不足的歐洲北部生產珍貴的美味海鹽。

歐洲
最北邊的鹽場

給宏德位於法國西北部的布列塔尼南邊，近羅亞爾河出海口處的北岸，是全歐洲最北邊的海鹽場。雖然位置偏北，但有暖流經過，氣候較為溫和，夏季炎熱也較為乾燥，經常陽光普照，比地中海岸還要少雨，給宏德東南邊6公里外的玻樂（La Baule），就因為溫和多陽光的氣候，成為重要的海岸度假勝地。強風也是給宏德適合產鹽的重要條件，這裡有歐洲最強勁的北風；夏季也經常吹著強烈的東風，有利水分的蒸發。

給宏德溼地的地理位置其實像一個部分露出水面的內海，僅在跨立克港邊有一個小海口流向大西洋。在退潮的時候內海幾近乾涸，有些地方甚至可以步行通過，潮間帶有一些生蠔養殖場，但並不特別出名，因為海水濃度高，養成的生蠔鹹味比一般生蠔重。除了內海，溼地上大部分是沼澤地，正是鹽田所在的位置，分屬於九個村鎮，主要位在給宏德城、土爾巴港以及巴滋村和普利岡（Le Pouliguen）之間，以巴滋和給宏德南邊的薩耶（Saillé）產量最多。

因為鹽田低於海平面，曾經多次因為大潮而淹沒，甚至殃及周圍的村莊，所以自十四世紀時就已經築成一座長達27公里的防波堤，隔開海水和沼澤地的鹽田。低窪、潮溼又特別悶熱的溼地是許多水鳥的棲息地，地上則堆積著深厚不透水的黏土層，提供鹽場最佳的土質。齊集了這麼多的自然因素，讓給宏德發展出自己的製鹽方法，並且成為歐洲位置最北的鹽場，因位處晒製海鹽的極限地，更能輕易地生產出像鹽之花這樣特別的鹽。

中世紀的海鹽古城——給宏德

雖然大部分的布列塔尼人都相信，給宏德的名字來自布列塔

給宏德海鹽產區圖

秋末蘆草轉黃，給宏德晒鹽的季節已過，鹽農開始一年中最悠閒的季節。

尼語「Gwen Rann」，但是也有另外的考據認為是來自羅馬古名「Grannona」，至少，有許多羅馬時期的文件都記載過這個當時位在半島上，以貿易聞名的城市。

大約在1,000年前，給宏德還曾經是一座海港，建在一個50多公尺高的懸崖之上。城的四周種植著許多釀酒葡萄，但是因為淤積作用而逐漸失去海港功能，逐漸被鄰近的跨立克港取代。十六世紀海水可以到達城東南的聖米歇爾城門（Porte St. Michel）外，但到了十七世紀後，已經完全淤塞，之後懸崖也逐漸崩解成和緩的低坡。

西元1489年1月，剛登基不久的布列塔尼女公爵安妮（Anne de Bretagne），來到給宏德城躲避逼婚的法王查理八世（Charles VIII）的軍隊。雖然安妮之後又避難到漢娜城（Rennes），並且同意嫁給法王成為法國皇后，讓布列塔尼跟著成為法國的領土，但為了感謝給宏德城的保護，安妮給予給宏德城免鹽稅以及鹽場免除稅捐的優惠，並且依照布列塔尼婦女的傳統贈送三把分別由金、銀、銅製成的髮梳。安妮在世時，為給宏德的鹽業開啟了歷史上的黃金時期，因鹽場和鹽的貿易而成為非常富有的城市。

給宏德現在是一個只有13,000人的小鎮，自羅馬時期以來就是一個以產海鹽聞名的城市。保存完整的城牆和護城河，自1342年開始興建，全長1.4公里，共有四個城門和六個城塔。其中最大的城門是聖米歇爾門，在十五世紀是給宏德總督府所在，大革命時期曾淪為監獄。現在城內也保存得相當完整，到處充滿著中世紀的氣氛，不過城內的主城堡在十七世紀就已經拆除，現在最主要的建築是建於十二世紀，有著可愛小尖塔的聖歐班教堂（Collégiale Saint-Aubin）。

悠遠的歷史

鹽是人類維繫生命的必需品，製鹽遂成為人類最早的工藝之一。大部分的食草性動物，因為無法直接自食物中攝取鹽分，

盛夏8月是給宏德產鹽的高峰。灰色的粗鹽像座小山似地放置在拉居爾圓土堤上滴水。

給宏德城內建於十二世紀，有著可愛小尖塔的聖歐班教堂。

所以大都具有尋找鹽的天賦，人類只要跟蹤食草性動物，就能
輕易地找到含鹽的泉水或沙子。但為了更有效地擁有鹽，人類
開始走上製鹽之路。在新石器時代，以火煮海水或帶鹹味的泉
水以取得鹽，已相當普遍。高盧人也延續這個傳統，將海水放
在陶碗內燒成鹽丸，產出的鹽由於水分少，質輕容易運輸，是
當時主要的製鹽方法，中國的四川在三千多年前也使用類似的
方法製鹽，不過使用的是自地底冒出的鹽水。這種方法的缺點
是非常耗費燃料，製造成本高，也缺乏效率；不過因為方式簡
易，居住在海岸地區的居民，一直到十九世紀，都還有人用這
樣的方式來煮鹽。

巴滋村裡的鹽田博物館 Musée des
Marais Salants。

聖米歇爾門是給宏德古城的主要入
口，曾是總督府的所在，一直到十六
世紀時，海水還可以直達城門外。

　　隨著人口的增加以及畜牧業的需要，羅馬人利用太陽蒸發
鹽水製鹽，降低了生產成本。有人認為羅馬人佔領給宏德地區
後，在西元三世紀時建立鹽場，開始製鹽，但採用的是單一的
鹽池。比較確定的是在九世紀時，給宏德地區出現了類似現在
本地使用的製鹽技術，鹽水經過數個鹽池，利用太陽和風力蒸
發水分結晶成鹽，給宏德溼地上現在還存在5個卡洛琳王朝時期
的鹽場，延續千年的產鹽歷史。

　　這樣的技術對大西洋岸的鹽場，特別是像給宏德緯度高、日
照與溫度不足的地區，有著決定性的影響，此項技術的起源可
能來自當時控制西歐沿海地區的維京人（Vikings），他們在九
世紀時將這樣的技術帶到羅亞爾河出海口南岸的聚點——諾木
提耶（Noirmoutier）島上。不過，也可能是來自教會的發明，
七到八世紀間，諾木提耶半島上的聖菲利貝（Saint Philibert）修
院的修士們，就已經潛心研究利用太陽與風力製鹽的技術。而
給宏德和諾木提耶南北兩地之間，僅隔著位於羅亞爾河出海口
的布格諾夫灣（Bourgneuf）。不過也有人認為這樣的技術來自
塞爾特人，是布列塔尼自己發明的技術。

　　十五世紀中，給宏德地區已採用和現在完全一模一樣的製
鹽方式，海水迂迴緩慢地流過不同鹽池，最後蒸發結晶成鹽。
完美而有效率的技術，加上免除鹽稅的優惠和北歐鱈魚業的
興盛，讓給宏德溼地在十六世紀達到了鹽業的黃金時期。根

據記載，在1660年時，給宏德溼地上一共有2,500個厄耶池
（oeillet），這種方型的鹽池，到現在一直都還是生產給宏德海
鹽最核心的設備。約莫十九世紀初，給宏德鹽場的規模到達極
限，並且開始走下坡直到1960年。

　　法國東部岩鹽的發展，以及地中海岸資本越來越集中的海
鹽業，供應了生產成本更低、純度更高、顏色更白淨的鹽；法
國大革命後鹽稅全面取消，給宏德不再享有特權，同時，越來
越便利的交通也讓給宏德位居西歐北部的地理優勢不再具有意
義，給宏德海鹽隨著時代的變遷逐漸沒落。冰箱的發明更是雪
上加霜，讓鹽的需求大幅下滑，雖然給宏德海鹽並沒有因此而
消失，但在最慘澹時，僅有約60位鹽農繼續生產鹽，和1840年
時的900位鹽農完全不成比例。

　　不過到了二十世紀的七〇年代之後，因為大眾對高級食用鹽
的定義改變，以及給宏德產區裡製鹽合作社的成立，讓給宏德
海鹽有再度發展起來的機會，帶有海潮味，含有更多有機質的
灰色海鹽，開始受到美食家的讚賞，原本因為顏色不夠白而不
受歡迎的灰鹽，現在人們卻願意花更多的錢購買。而過去不為
人知的鹽之花，也開始受到大眾的注意，價格比一般海鹽貴上
十多倍。現在的給宏德溼地上，滿布著佔地1,000公頃，為數高
達7,820個厄耶鹽池，不過，還有另外1,000公頃閒置的溼地，尚
有許多發展的空間。

方形的厄耶池技術讓位置偏北的布列
塔尼也能生產海鹽。

布列塔尼

給宏德附近因為海風強盛，在中世紀時蓋有許多的石造風車磨坊。

給宏德所在的布列塔尼是法國最西邊的半島，即使是在各地區都還有獨特地方文化傳統的法國，布列塔尼還是顯得特別神祕。布列塔尼語是塞爾特語系（Celte）的一支，和屬拉丁語系的法文幾乎沒有交集，給宏德的法文名為「Guérande」，但在布列塔尼語則是「Gwen Rann」，意思是「白色的部分」，顯然和產鹽有關。

塞爾特人在西元前五世紀來到布列塔尼，在此之前，布列塔尼曾有過更古老的巨石文明（Mégalithique），半島上隨處可見高聳矗立的史前巨石（menhir），以及如巨型石桌般的石棚（dolmen），特別是在給宏德西邊90公里的卡那克村（Carnac），至今還排列著2,792個在五、六千年前樹立的巨石，羅馬帝國幾乎佔領整個歐洲，但卻很不尋常地一直沒能完全拿下布列塔尼。

西元五世紀時大布列顛島（Grande Bretagne）上的居民為了逃避盎格魯（Angle）與薩克遜人（Saxons），大舉跨越英吉利海峽遷居布列塔尼，而這也是布列塔尼Brittania Minor或Bretagne名稱的由來。

雖然介於英法兩個強權之間，布列塔尼在語言、文化及統治權上卻一直保持著獨立性，即使1491年，因法王查理八世強娶布列塔尼女公爵安妮被納入法國的版圖，布烈塔尼的特殊性也沒有因此消失。

女公爵安妮的婚姻

安妮的父親——法蘭西斯二世（François II）沒有子嗣，一心想用女兒的婚姻來保住布列塔尼免於被日漸強大的法國併吞，雖然因戰敗和法國簽了女兒的婚姻需經法王同意的協定，但在

過世前還是將安妮許配給神聖羅馬帝國的馬希米連（Maximilien d'Autriche）。安妮的父親沒多久就過世了，11歲的安妮登基成為布列塔尼女公爵，法王查理八世認為安妮與哈布斯堡的馬希米連聯姻是對法國的挑釁，於是以戰逼婚，3年後安妮被迫點頭嫁給法王查理八世，以求得布列塔尼的和平與獨立，期盼將來能由子嗣繼承公國爵位。但婚約中規定如果查理八世不幸駕崩，安妮必須再嫁給繼任的法王，以確保布列塔尼歸法國所有。矮小的查理八世在安珀茲堡內撞到門楣，意外身亡，安妮續嫁給繼位的路易十二（Louis XII），他是查理八世的堂叔兼姐夫。

安妮當了兩任的皇后，雖然極盡努力，但一直沒有生下健康存活的男性子嗣，長女後來也嫁給繼任的法國國王法蘭西斯一世（François 1er），布列塔尼最後終究歸入法國管轄。不過，布列塔尼是以婚約方式加入法國，所以一直享有和法國其他地區不同的特權，免除許多捐稅，例如鹽稅就是其中一項。

現在的布列塔尼是法國本土13個區之一，下設4個縣，不過布列塔尼的舊首府南特（Nante）卻刻意地被分到羅亞爾河區（Pays de la Loire），以降低布列塔尼人的獨立意識，這也是為何靠近南特的給宏德地區在文化上雖是布列塔尼，但在行政區上卻劃入羅亞爾河的原因。

給宏德鄰近的傳統舊宅皆就近以沼澤溼地上的蘆葦草為頂。

堆放粗鹽的拉居爾圓土堤。

從海水
到鹽的旅程

大西洋的海水經由班邦海岬（Pen-Born）與跨立克半島（Presqu'ile du Croisic）之間的狹窄缺口進入有如潟湖般的汐之地（traict），雖然每天有兩次的漲、退潮，但海水的高度還是不夠，必須趁著半個月一次的大潮經過稱為艾替耶（étier）的引水道，由可開關的水閘門（Trappe de Vasière）進入第一道澄清蓄水池（vasière），每個月的大潮只有兩次，蓄水池內要有足夠15天以上的海水才夠用，所以一個蓄水池至少佔地上千平方公尺，甚至廣達數公頃，也因此，很少鹽農能獨力擁有澄清水池，而是多家鹽農共同合作維持。水池的深度只有20公分深，不僅蓄水、澄清，也有蒸發水分的功能。在這個水池裡，海水的濃度由每公升含鹽量34公克提高到每公升40公克。

透過稱為庫依（cui）的水門，鹽農將澄清蓄水池內的海水引入科比耶水池（cobier），由木板做成的水門上，挖有幾個不同的洞，並且塞上木門，這些洞可以讓鹽農精確地控制科比耶水池的高度。自此開始，太陽的照射讓海水變熱，並且快速蒸發，加上海風的吹拂，鹽分不斷提高。鹽農用木造或頁岩片做成的工具，精巧地在黏土質的鹽田上修整出非常和緩的坡度，加上透過流量的控制，讓鹽水緩慢地流經如迷宮般曲折迂迴的不同鹽池，不斷地濃縮，也不斷地往目的地厄耶池前進。

為了加速蒸發，科比耶水池的深度僅有4公分，通常占地0.1到0.3公頃，池內築有矮堤讓水能迂迴地往前流動。在科比耶池內，海水濃度將提高到每公升含鹽量50公克，海水的溫度也會提高到28℃左右。接著海水進入有著曲折通道的法爾鹽池（fare）。鹽水不斷地前進，水分蒸發的速度越來越快，在太陽的助力下，這個水池裡海水濃度將提高到每公升含鹽量200公克，海水的溫度也會提高到32℃左右。

緩緩行經法爾池曲折的鹽水道，濃縮的鹽水進入阿典池

大西洋岸邊的綿長海堤讓給宏德溼地的鹽田免於水患之苦。

由左至右：

艾替耶引水道。

水閘門。

澄清蓄水池。

（aderne）。這裡是進入厄耶池（oeillet）的等候區，長25公尺寬15公尺，儲備厄耶池一天所需的超濃縮鹽水。等到鹽水到達快要開始結晶的濃度時（每公升含250公克的鹽），將沿著位於中央的蝶利耶水道（délyre）進入到兩旁的十多個厄耶池內，在這裡，鹽水會結晶成鹽，鹽農也要在此進行採收，是海水鹽之路的旅行終點。海水從澄清蓄水池流到厄耶池需要約5天的時間。

　　厄耶池是由許多矮堤隔開的方型鹽池，矮堤的中央部分變寬成為橢圓形，稱為拉居爾圓土堤（ladure），是鹽農堆積剛採收鹽的地方。厄耶池底中央較高，鹽水僅深0.5公分，兩旁較低，鹽水深度達1.5公分。

　　大約在夏季午後4、5點左右，這時的水溫大約達到37℃，鹽水繼續快速地蒸發，到達每公升含鹽量300公克時，如果颳起比較乾燥的東風，而且風又不會太大，鹽水的表面就有可能開始形成白色半透明的結晶，有如薄冰般漂浮在鹽水之上，這就是

$$\frac{1}{2 \mid 3}$$

1. 厄耶池是鹽場的核心部分，也是海水鹽之路的旅行終點。

2.一大早採收的粗鹽先堆在土堤上滴水。

3.厄耶池矮堤的中央部分變寬成為橢圓形，稱為拉居爾圓土堤，是鹽農堆積剛採收鹽的地方。

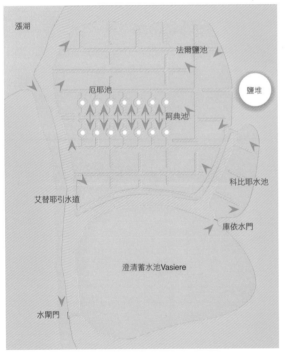

運鹽的推車。

鹽之花（fleur de sel）。必須趕在入夜前馬上採收，以防露水，鹽農用山毛櫸製成、連著長柄的鹽耙，小心地撈起鹽之花，放入藤籃或木輪車裡，等自然地滴完水後就可以裝袋出售了。過去撈鹽之花大多是由婦女負責，因為必須要很有耐心，同時也要很小心。

鹽之花在給宏德地區又稱為「新娘之鹽」，漂浮在鹽田滷水上的鹽之花非常脆弱，多半由細心的年輕女子負責撈起，產量不多，過去，一般鹽商並不太注意，除了鹽家自用，女孩子們只能少量地賣給鄰近的顧客，辛苦攢得的零用錢，還要全部存起來，以做為將來添置嫁妝之用。

鹽田上的黏土也會有粗鹽（gros sel）的結晶，但需要花更多時間才能完成，鹽農採完鹽之花後通常隔天早上再採收粗鹽，其實，粗鹽才是主要產物，鹽之花只是順便生產的附屬產品罷了。

粗鹽的採集不僅費力，而且動作要相當靈巧，鹽農以一支5公尺長的鹽耙（Las）收集黏土上的粗鹽，耙柄過去以栗木製作，現在大多用重量較輕的玻璃纖維或碳纖維製成。重點在於必須用力地推開結成整片硬塊的粗鹽，同時又要避免激起鹽塊下的黏土，要在一推一拉之後輕輕撩起。隨後粗鹽被推到鹽池邊，像座小山似地放置在拉居爾圓土堤上滴水，到了下午再集中到鹽田邊的鹽堆（moulon）上，等到累積夠多之後再用卡車運到溼地邊漆成黑色的木造鹽庫（salorge）。採收完粗鹽後，厄耶池內的鹽水必須全數排出，然後再自阿典池引進新的鹽水，開始另一次的製鹽過程。

鹽之花並非每天都有，如風向不對、風太大，或太冷、太熱的日子，鹽田都只會產粗鹽而不會出現浮在水面上的鹽之花。雖然夏季給宏德地區經常陽光普照，但偶爾還是會碰上大雨，稀釋了海水的濃度。如果濃度太低，鹽農就必須將鹽田裡所有的鹽水排出，一切重新來過。一個厄耶池大概在50到80平方公尺，在夏季的產季裡，每天平均可以採收15到50公斤的粗鹽，以及500克到1.5公斤的鹽之花。每年給宏德大約生產15,000噸的

在傍晚太陽下山之前必須採集完所有的鹽之花，以免晚上的露水讓結晶消失溶解。

從拉居爾圓土堤上收集來的粗鹽先堆在鹽堆上，讓鹽再晒乾一點後存入鹽庫。

鹽池旁的黑色小屋是儲存鹽的鹽庫。

粗鹽，只有在特別炎熱的年分，如1990年，才會出現20,000噸的紀錄。

不過，相較於十九世紀時的80,000噸仍顯得微不足道，至於鹽之花，每年產量大約200到500噸，不過因為價值高，卻常占鹽農一半的收入。

自2012年起，給宏德粗鹽「sel de Guérande」和給宏德鹽之花「fleur de sel de Guérande」正式成為常簡稱為IGP的地理標示保護認證（Indication Géographique Protégée）產品，唯有產自給宏德濕地的鹽田，以傳統方法晒製的粗鹽或鹽之花才能以給宏德為名。

給宏德
鹽農的四季

　　鹽農在本地稱為溼地工人（paludier），是一個有千年歷史的行業，過去，製鹽的技術都是父子相傳，從1978年起成立了Ecole des Paludiers學校，開始傳授傳統製鹽技術。每年收10名學生，接受兩千多小時的學科與術科教育。五、六〇年代因為冰箱的發明，讓鹽的用量大減，鹽業也受到很大的打擊，沒有年輕人願意從事這樣的行業。但現在已有許多新一代的年輕鹽農加入，讓古老技藝得以延續。

　　現在有約300位鹽農從事給宏德海鹽的生產，其中200位鹽農參與合作社的運作。成立於1988年的製鹽合作社位在薩耶村（Saillé）外的鹽場邊，以「Le Guérandais」為廠牌，包裝銷售成員所生產的粗鹽和鹽之花，讓鹽農不必再受到鹽商的剝削，收入不多的鹽家得以繼續產鹽事業。除了合作社外，也有幾家自產自銷的鹽家，主要供應當地的市場和夏季的觀光客。

　　雖然海鹽的採收季從6月開始到9月僅有4個月的時間，但工作卻是從1月就開始了，冬季的主要工作是整修引水道和鹽池，以一個有60個厄耶池的鹽場為例，佔地就廣達8公頃，由一個人獨立負責，是相當耗時費力的工作。鹽場完全由黏土構成，容易損壞，構建維持全都得靠人工，遇到比較大的整修工事，例如艾替耶引水道或第一澄清蓄水池就必須和其他鹽農合作。

　　到了春天，製鹽的準備工作就必須展開，雖然一般產鹽季從6月初就開始，但有時夏天會來得特別早，像1997年，4月底就已經開始產鹽了。鹽農一定要趕在季節到來前將一切準備好。首先，先將鹽水退出鹽場，除去黏土上的汙泥、海藻，以及鹽池裡的魚、蟹等，修整池邊土堤以及鹽池的坡度。後面這一項最為精巧困難，但也最重要，決定鹽水是否能順利地流動。

　　夏天的產季是鹽農最忙碌的時刻，而且，不論晴雨，沒有一天得閒。一天的工作自清晨5點開始，先採收昨天結晶的粗鹽，

在給宏德晒鹽幾十年的居奇歐先生（Gicquiaud），是給宏德鹽農中的先進前輩。

春季雖然不產鹽，但是鹽農要把握難得的好天氣整修鹽田，為初夏的採鹽季預做準備。

集中在土堤上滴水。接著將厄耶池內的鹽水排掉，重新引進阿典池內的濃縮鹽水，開始另一天的生產。午餐之後，鹽農們可以好好地享受一場舒服的午睡，一切交給太陽和風。如果順利，下午前往鹽場時就可以看見浮在鹽水表面的鹽之花了。如果太陽太大，溫度過高，鹽水的濃度也過高，反而無法產生鹽結晶，這時就必須在厄耶池內加入鹹味較淡的鹽水。年輕的鹽農通常需要靠著溫度計或濃度計來測量，但有經驗的鹽農只要觀察黏土發出的反光就知道要不要加水了。

在太陽下山之前必須採集完鹽之花，因為晚間的露水可能使得結晶溶解或沉澱。滴完水的粗鹽也要搬到鹽場邊的鹽堆儲存，並且開始採集一部分的粗鹽。一個鹽農必須照顧擁有60個厄耶池的鹽場才具有經濟效益，一年大約可產80到90噸的粗鹽，以及2到3噸的鹽之花。

9月之後日照時間短，加上天氣轉壞，溫度也不夠，產鹽的季節被迫中止。鹽農讓鹽田注滿水，蓋過矮堤，進行年度的休養。秋天，在給宏德溼地上，是一年中最悠閒的季節。

製鹽合作社裡的粗鹽雖然堆積如山，但每年僅4個月的產季很難供應越來越大的市場需求。

鹽裡的
紫羅蘭花香

　　給宏德不論是粗鹽或鹽之花，不論味道或是內含的物質，都和其他地區產的海鹽不同。因為氣候與環境的關係，給宏德海鹽含水量較高，粗鹽7%，鹽之花5-10%，氯化鈉含量常常低於90%，比一般海鹽98-99.5%的含量少很多，但相反的，礦物質的含量卻特別多，如鎂、鉀、鈣等等，而且也富含許多微量元素，如銅、鋅、錳、鐵、碘和氟。鹽的結晶也比一般5.63毫分小，粗鹽的結晶體約4毫分，顏色灰白，鹽之花的結晶成倒三角形，僅有2毫分寬，可以漂浮在鹽水的表面，因為沒有和黏土接觸，所以顏色純白。

　　雖然需要特別的生產技術，但給宏德是百分之百的自然產品，除了大西洋的海水，製作的過程完全不添加任何東西，而

給宏德粗鹽和鹽之花比一般的海鹽含有更多的礦物質和有機質，但氯化鈉卻比較少。

給宏德製鹽合作社以Les guérandais為廠牌包裝的鹽之花，是市場上最常見的給宏德鹽之花。

且從鹽田上採收後不經過精製，也不經過清洗，完全保留原來的樣子。因此，給宏德海鹽的味道比其他地區產的鹽要豐富許多。

給宏德海鹽因為常會散發淡淡紫羅蘭香氣，特別受到知名主廚與美食家的讚賞，雖然香味並不十分明顯，而且要加入剛上桌、熱騰騰的食物上才容易聞到，但出現這樣的花香是有理可循的。

在晒鹽的過程裡，隨著鹹度的增加，鹽水的顏色慢慢轉成玫瑰紅色，那是因為有一種富含著胡蘿蔔素的嗜鹽菌（bactérie halophile）開始繁殖生長的關係，這樣的菌種喜歡生長在溫度22-55℃之間，鹽分每公升88公克以上的環境，一般海水濃度每公升只剩34公克的鹽，並不利於這樣的細菌生長，每公克給宏德海鹽裡，都還有約1萬到10萬個這樣的細菌，這些細菌讓給宏德海鹽在灰白的顏色上，略帶一點點粉紅色的閃光，而且遇熱後會散發出細緻的紫羅蘭香氣。給宏德海鹽裡除了嗜鹽菌外，一種稱為「Dunaliella Salina」的微細海藻也會發出類似的香氣，它們也經常附著在給宏德海鹽的結晶上。

現在食用鹽僅佔全球鹽產量的十分之一，最主要的用鹽產業是紡織、化學、皮革和畜牧等，另外每年用在雪地道路止滑的鹽也不少。而給宏德的海鹽因為風味佳，大都做為食用鹽，除非品質不佳者會被用來當作冬季道路止滑外，大部分都用來烹調料理，尤其是珍貴的鹽之花，甚至很少用來做菜，而是僅放在餐桌上做為調味料之用，以保留精緻的香味。

鹽之花的用法和一般的鹽不同，大部分的主廚都建議不要用來烹調，而是在起鍋或擺盤時再加入，例如最後加到已經淋上醬汁的義大利麵，或者已經煎好的魚排上，透過熱氣逼出鹽的香味，最忌久煮而香味全無。更簡單，也許也是最好的方法是，放一小碟在餐桌上，直接灑在生菜沙拉、水煮蛋或新鮮白乳酪等各式菜色上。

白色半透明的鹽之花結晶。

加了鹽之花的醋漬沙丁魚沙拉。

給宏德城裡到處都是販賣海鹽的鹽鋪，除了鹽之花和粗鹽，也賣添加海草或香料的各式調味海鹽，當然，也會有加了鹽之花的鹹味牛奶糖，是布列塔尼的另一個美食圖騰。

歐洲其他
鹽之花產區

大西洋岸

· 諾木堤耶島鹽之花（Fleur de Sel de l'île de Noirmoutier）

　　諾木堤耶島是位在羅亞爾河出口南岸的2,000公頃小島。西元
七世紀島上設立了本篤會（Bénédictine）修院，修士們建立鹽場
開始製鹽。本島不論自然條件或是鹽的製作方法，甚至鹽產的
特色，都和給宏德最接近，除了粗鹽也產一點鹽之花。不過島
上的鹽業從二十世紀初的30,000噸減少到1985年的600噸，最近
幾年才又開始復甦，有一百多位鹽農，不過產量僅約1,500噸。
島上的製鹽合作社Coopérative de Sel Aquasel是最主要的生產者，
匯集了島上九成的鹽農，本地稱為採鹽人（Saunier）。

鹽之花越來越受到知名主廚與美食家
的注意，讓這種奇異的海鹽與古老的
傳統製鹽業得以延續。

· 黑島鹽之花（Fleur de Sel d'Ile de Ré）

　　黑島是法國著名的觀光勝地，與拉羅舍爾市（La Rochelle）
有長3公里的大橋相接。島的西邊有廣大潟地，1178年熙篤教會
（Cistercien）在島上建立修院，開始種葡萄釀酒，並且開發沼
澤地為鹽場，是現存位置最南的法國大西洋岸鹽場。島上的鹽
農合作社les Sauniers de l'Île de Ré是最主要的生產者，每年產2,000
噸的鹽和15噸的鹽之花。島上的鹽之花溼度較高，而且有較重
的碘味與海藻味。

· 葡萄牙福爾摩沙潟地鹽之花（Flor de Sal de Ria Formosa）

　　葡萄牙南部大西洋岸邊的福爾摩沙潟地也出產鹽之花，僅
有一家公司Necton出產，鹽場位居福爾摩沙公園，鄰近Faro和
Olhao兩個觀光勝地，面積不大，製鹽的方法和給宏德類似，生
產出的鹽之花潔白閃亮，但帶有許多海藻味道。

地中海岸

· 卡馬哥鹽之花（Fleur de Sel de Camargue）

　　卡馬哥只有一家鹽場，位在艾哥－摩特城（Aigues-Mortes）的南方鹽場（Salin de Midi），以鯨魚牌（Le Sel de la Baleine）佔據法國絕大部分的食用鹽市場。

　　由於鹽之花開始流行，南方鹽場雖然位於地中海，也開始生產鹽之花，全然純白、中性、乾淨無味，加上濕度低，是卡馬哥鹽之花最主要的特色，對於一般的鹽，這應該算是優點，但如果是鹽之花味道似乎過於平凡。

Chapter 5

哈布果伊比利 生火腿

Jamón
ibérico
de
Jabougo

最頂級的伊比利生火腿用的是放養在樹林裡,吃橡木子增肥的
伊比利豬,僅以粗海鹽醃製,然後懸掛在空氣流通的地方2年,
讓山風與雲氣緩慢地培養出火腿裡細膩豐富的乾果香氣。就這
樣,帶著一點漫不經心的西班牙人,用最原始簡單的方法,卻
遠遠地把法、義美食大國的生火腿拋在身後,沒有其他的生火
腿可以有這麼特別的味道和口感,那麼的極盡享樂。

火腿中的
榛果香氣

第一次到哈布果（Jabugo）是在1999年4月的午後，西班牙的午睡時分，教堂鐘樓上的一對送子鳥喀、喀、喀，啼聲不斷，讓村子中心空無一人的「火腿廣場」在寂靜的氣氛中點綴著些許熱鬧。

一陣山風吹過，空氣裡散布著火腿香氣。僅有數百戶的哈布果村從四百多年前就開始製作伊比利生火腿（jamón ibérico），現在小小的村內有數以萬計以西班牙特有的伊比利豬（cerdo ibérico）製成的生火腿，正在進行長達2年的風乾與熟成。這裡的山風與雲氣，讓哈布果生火腿緩慢地培養出細緻豐富的乾果香，使得山間的小村落成為全西班牙最著名的火腿勝地。哈布果是個讓西班牙人一聽就口水直流的神奇名字。

火腿聖地

哈布果村所處的阿拉塞納（Aracena）自然保護區，位在安達魯西亞自治區首府塞維亞（Sevilla）往葡萄牙首都里斯本（Lisbon）的路上，從1994年起，我已經路過好幾回，卻從沒想過這偏僻的山林小村會是全世界最美味火腿的發源地。直到1998年我才在巴黎第一次品嘗到珍貴美味的哈布果生火腿，當年我以1公斤近1,000法郎的價格買了幾小片，手工現切，顏色赭紅的火腿上滿布著乳黃色、密如蛛網的肥潤油花，散發著濃郁的乾肉香和細緻的榛果香氣，雖然切得比義大利的帕瑪火腿（prociutto di Parma）還厚，看起來也比較乾，但油滑圓肥的生火腿卻柔嫩得足以溶於口中，豐盛的滋味佔滿味蕾，乾果的餘香久久不散。

從此以後，義大利的帕瑪和聖丹尼耶列（San Daniele）都不再是我的最愛，而伊比利生火腿遂成為我每回到西班牙時，最難

哈布果村內的生火腿名廠Sànchez Romero Carvajal。

以抗拒的誘惑和金錢上最大的支出，上塔巴斯酒館（Tapas）總忍不住要切上一盤。西班牙人雖然重吃喝，但大部分的日常料理頗粗獷，很少比得上法國和義大利。不過，對生火腿卻是特別講究，這樣珍貴的火腿，不論城、鄉，在西班牙的餐廳和酒吧都是必備品。

漫不經心造就美味

1999年5月，我又再度造訪哈布果村，拜訪創立於1879年的火腿廠Sànchez Romero Carvajal。哈布果常被當成頂級生火腿的代名詞，其實和這家村內最老牌的火腿廠有相當大的關聯，因為Sànchez Romero Carvajal是全西班牙最出名的伊比利火腿廠之一，我吃到的第一片伊比利生火腿就是該公司最頂級的「5J Reserva」。雖然當時我的西班牙文還不到流利的程度，仍迫不及待地訂了訪問的約。

花了2個小時參觀和示範所有製作的過程，並且訪問了廠裡的檢驗師（Maestro de jamón），但我卻發現，在醃製火腿這件事上，西班牙人用的是最原始簡單的方法，帶著一點漫不經心，一切有如自然天成。採用的是放養在樹林，吃橡木子增肥的伊比利豬，僅以粗海鹽醃製和調味，然後懸掛在空氣流通的地方2年。就這樣，西班牙遠遠地把法、義等美食大國拋在身後，沒有其他的生火腿可以有這麼特別的味道和口感，那麼的極盡享樂。

安達魯西亞的山間小村哈布果，是西班牙的生火腿聖地，村名成了最頂級生火腿的代名詞。

神奇的
伊比利豬

　　西班牙火腿能有超高水準的品質，奇特的伊比利豬（cerdo ibérico）是最重要的關鍵。這種原生在伊比利半島的珍貴豬種，現在主要生長在西班牙西南部，北起薩拉曼卡省（Salamanca）的南部山區，南經埃斯特馬杜拉自治區（Extremadura）到安達魯西亞的吾耶瓦（Huelva）和哥多華（Córdoba）兩省的北部山區。另外，緊鄰西班牙西部的葡萄牙境內也有少量養殖。因為氣候適合，這裡有滿山遍野的聖櫟木、綠橡木、軟木橡樹及葡萄牙櫟木，所結的橡木子正是伊比利豬最喜歡吃的天然食物。

　　俗名叫「黑腳豬」（Patta negra），但伊比利豬可不見得全都是黑腳黑蹄，有些還帶點褐色。但無論如何，顏色比一般的白

西班牙人習慣稱伊比利豬為黑腳豬，是地中海豬種和非洲豬經數百年的自然交配，所衍生出的極珍貴豬種。

133

豬或粉紅豬要深，豬毛稀疏、柔軟。體型中等，增肥後的成豬大約150～180公斤之間，骨骼比較細，但是背脊、背和腿的肌肉特別發達，是由地中海豬種entrepelado和非洲豬經數百年的自然交配，所衍生出的特殊品種。

比起一般白豬，伊比利豬的脂肪特別多，不僅皮下脂肪豐厚而且脂肪還分布到肌肉之間，成為美麗的大理石紋。

放山增肥

每年秋天橡木子開始成熟落地，長大的伊比利豬開始進行放山增肥。伊比利豬一天可吃數公斤的橡木子讓體重迅速增加。

橡樹每年只結一次果，時間集中在秋季，所以伊比利豬並不是全年都有橡木子可吃。傳統會將豬直接養在樹林裡，但現在為了方便，一般小豬在秋天誕生，先行圈養1年多，餵食穀物和乳製品，等到隔年秋天長到約85～115公斤，橡木子也開始成熟落地時，伊比利豬就可以放山增肥了，本地將這個過程稱為「montañera」，而這些由橡木林地構成的農場則稱為「dehesa」。在橡木林裡的伊比利豬一天可吃數公斤的橡木子，所以體重增加迅速。不過，前提是同一片林地內不能放養太多伊比利豬，否則在互相競爭下，很難增肥到一定的體重，最理想的情況是每公頃的橡木林只養一隻。

Dehesa是西班牙相當特別的生態環境，雖然是人類開墾的土地，但卻和自然相結合，維持很好的均衡。平緩起伏，遼闊無邊的土地上通常粗放式地種植穀物或牧草，稀疏地長著橡木、櫟木、軟木橡樹等等，每公頃大多只有3、40棵。全西班牙有230萬公頃這樣的林地，是西班牙西南部常見的景觀，特別是埃斯特馬杜拉自治區，幾乎全境都是如此，聚集著最多養殖伊比利豬的農場。安達魯西亞的吾耶瓦省盛產生火腿的阿拉塞納山區，也一樣有許多橡木林，只是山勢比較崎嶇，樹林的密度也較高，無法大規模養殖，環境比較適合製作與培養火腿，一部分製作火腿的伊比利豬則是自外地引進。

在進行增肥的階段，伊比利豬不能餵食任何飼料，除了橡木子及草地上的花和嫩草，在這段期間，必須增重超過放山前重

量的50%，才能製成頂尖的伊比利生火腿，例如一隻增肥前100公斤的豬，得靠吃橡木子長到150公斤才行。為了達到這樣的增肥效果，養殖的密度不能太高，每公頃最多只能養一隻豬，有些農場為了讓豬吃更多橡木子，如哈布果村的名廠Juan Pedro Domecq，每2公頃才養一隻豬，而吉胡耶羅產區的Joselito甚至3公頃才養一隻。吃橡木子增肥的豬，身上會長出略帶乳黃色的油脂，除了肉質更肥腴外，也會帶有細緻的榛果香味。

一隻伊比利豬，圈養加上放山，大約17到18個月大才能宰殺，比一般白豬的養殖費時。例如製作成聖丹尼耶列生火腿（Prosciutto di San Daniele）的豬，通常只需9個月的時間就能長到160公斤，養殖時間較短。現在有些農場也養殖混合一點白豬血統的伊比利豬，讓豬種成長的速度可以加快一點；不過，根據規定，製作伊比利生火腿的豬，其白豬的血統不能超過50%，否則就只能製成一般的山火腿（jamon serrano），屬於DOP等級的伊比利生火腿則以25%的白豬血統為限。

放山增肥的伊比利豬非常愛吃掉落在草地上的橡木子，豬身上的脂肪也會因而略帶乳黃色。

伊比利
生火腿的製作

在西班牙，火腿的醃製過程相當簡單，只要配合季節的變化，簡直就是自然天成。

成熟增肥後的伊比利豬後腿重量約介於8～11公斤，前腿約5～8公斤，重一點的腿風乾時間長，製成的火腿味道更豐富，不過太重的腿比較難保持均衡，重量最好是在9～11公斤。西班牙的生火腿不論是一般的白豬或伊比利豬，都是以整隻連腳帶蹄、帶骨的豬腿製作，因為以西班牙的製法，鹽分較少，肉質較乾，風乾時間較長，火腿在完成風乾的過程之前不能破壞肌肉組織才能成功製成美味的生火腿。這和歐洲其他國家的生火腿大多去除豬蹄和豬腳的習慣不太一樣。

因此，伊比利豬生火腿看起來更細長，像一把小提琴，少見的例外是義大利的聖丹尼耶列生火腿，也是連蹄帶腳一起風乾，但採用腿肉較多的豬，所以整隻火腿看起來像一把吉他。一般的生火腿都保留腿背上的豬皮，以防止火腿變得太乾硬，但是伊比利生火腿因為油脂非常多，所以在製作前會除去豬皮，僅留下豬腳部分的皮，並且裁成V字型。

鹽醃與穩定

首先，整隻連蹄帶骨的豬腿先在低溫的醃製房內以粗海鹽覆蓋，每1公斤醃1天，例如8公斤的豬腿就要在鹽堆裡埋上8天才能得到足夠的鹹味。不過，由於西班牙幾個伊比利生火腿的產區氣候條件都不相同，醃的時間會有些微差別，如位置較偏北，海拔較高的吉胡耶羅（Guijuelo）地區，因為天氣較冷、較乾燥，火腿保存容易，所以鹽醃的時間稍短一點，不過一般還是以1公斤醃1天為原則。

採用粗海鹽是傳統習慣，但根據研究，其實海鹽的溼度較

地窖中進行熟成的伊比利生火腿，每一隻都由一根繩子懸空掛著，讓空氣可以在火腿間自由穿梭。

一隻8公斤重的火腿要在粗海鹽堆中醃8天。

伊比利豬的脂肪很厚，所以製作火腿時會去皮，外露的脂肪上也會長滿黴菌，為火腿增添風味。

高，火腿比較不會脫水，而粗鹽可以讓鹽分進入火腿的速度比較緩慢，使得醃漬的效果更為均勻，鹽得以散布到所有的肌肉纖維；鹽分進入火腿的速度太快會讓火腿失去太多水分及蛋白質。和一般製作白豬的火腿比起來，伊比利火腿的醃製時間較短，如西班牙的山火腿經常需要醃2星期，而義大利的帕瑪生火腿時間更長，甚至必須分兩階段，先醃1星期，清洗之後再蓋上鹽醃2星期。

因為橡木子的關係，每年只有12月底到3月之間有放山吃橡木子的豬腿可用，此時正值冬季，低溫可以讓火腿更容易保存，潮濕的空氣可以增加醃漬的效果，其實傳統製腿廠並不需冷藏的設備，只需透過開關窗戶調整室溫，就能自然控溫製作出美味的火腿；現在為了方便，鹽醃的過程都是在冷藏室內進行，3℃配75%到85%的溼度是最佳的醃漬環境。為了更均勻的鹽醃效果，有些火腿廠也會定時翻轉火腿，甚至以人工為火腿進行按摩。醃好的火腿刮掉鹽分，經過清洗，就完成了第一階段的所有工作，除了海鹽，完全沒有其他添加物或調味料，不加胡椒，也沒有煙燻。

醃漬完成之後，正值冬季，有大約2個月的時間氣候寒冷潮濕，火腿進入穩定期的階段，會緩慢地變乾，鹽分逐漸往內滲透。

風乾與熟成

醃完後，火腿直接吊在通風的風乾室裡放1年半到2年，時間長短視火腿的大小而定，每1公斤得風乾熟成3個月，所以8公斤的豬腿需要風乾至少24個月。在這段期間，許多神祕的變化在火腿裡祕密地進行。隨著春天的到來，溫度逐漸升高，溼度降低，火腿風乾加速，等到夏季溫度升到30℃之後，一部分火腿的油脂開始融化，一連串的化學變化開始發生，逐漸出現伊比利生火腿特有的香味，火腿外皮上的黴花也會為火腿增添一些香味。這時火腿就進入成熟的階段了，這個階段通常需要9到16

風乾室通常有窗戶和戶外相通，懸吊著的數以百計火腿會留出一個像風隧道的空間，將山風與雲氣引進風乾室。

個月的時間。

　　儲存越久，生火腿的香味越濃，肉質變得圓潤柔軟，經1年半的風乾後，火腿會減少約35%的重量，相較於一般的豬種，黑腳豬的皮下脂肪肥厚，將火腿肉密實地包裹起來，可以經得起較長的風乾熟成，不過如果超過3年以上，肉質還是會開始變得乾硬。一般的白豬火腿為了避免肉質變乾，都會在火腿的切口，腿肉外露的部分塗抹一層豬油或豬油與澱粉的混合物，以保留火腿肉的水分，但是這樣的手續對伊比利火腿卻是完全多餘，伊比利火腿即使有一部分的腿肉外露，而且長達2年，也不會變得乾硬無法食用，反而讓味道更濃郁，特別有咬勁，也因此，同一隻火腿的各個部位風味也各不相同。

　　就這樣，美味的黑腳豬火腿就製成了，雖然耗時，但並不需要太多的努力，完全符合西班牙人粗枝大葉的個性，靠的全是自然條件，無需太過操勞或高超的技術，西班牙西南部山區的溫度與濕度剛好非常適合在地黑腳豬的風乾熟成，在四季的循環變化下，加上自然長出的微生物的助力，火腿歷經各種自然的化學與物理變化，開始散發出迷人細緻的乾果香、香料香與木香，火腿肉變得更為豐潤脂腴，殷紅油亮的火腿肉密布著美麗的油花紋路，滋味濃郁豐富，香氣久久不散。

檢視

伊比利生火腿熟成出廠前，還需要經過檢測的步驟，以確定火腿的品質，符合水準才能上市，採用的方法很特別，靠的不是儀器分析，而是利用靈敏的鼻子。連蹄帶骨的火腿很難用目測的方式知道火腿內部的情況，最實際有效的，還是靠嗅覺靈敏、經驗豐富的師傅來檢查。

師傅用一根白色細長的魚骨製探針刺入火腿深處，抽出之後，聞探針上的氣味研判火腿的品質，有異味或沒有榛果香氣的火腿都不合格，必須銷毀或當普通的火腿銷售。一隻火腿至少要分別刺三個不同的地方，尤其是接近骨頭之處，最容易產生異味。

窖藏陳年

經過檢視合格的伊比利生火腿就可以上市銷售了，但是為了讓火腿的風味更好，有些火腿廠會繼續培養熟成，不過為了防止火腿變質或變得過於乾硬，火腿會從通風好的地方移到溫度低、溼度高，而且不會隨季節有太多溫濕度變化的地窖。這樣的窖藏階段依情況大約6～18個月，環境則是15～20℃以及溼度60～80%之間最佳。通常伊比利火腿約需經過2年以上的時間才會完成所有培養的程序上市，有些頂級的火腿甚至熟成3、4年才上市。前腿的熟成時間較短，1年以上即可。

傳統的老式手工火腿廠一年只開業2、3個月，全集中在冬季的1到3月之間，因為唯有在這段時間才有放山、吃橡木子的豬可以宰殺。

一般大型的火腿廠雖然維持全年營運，但也只有在冬季才有「橡木子」等級的豬腿可用。雖然現在伊比利火腿的需求水漲船高，但產量卻仍然供不應求，原因就在橡木子。例如1998年聖嬰現象造成氣候變動，讓許多橡木結果數降低，嚴重影響橡木子火腿的產量。

1	2
	3

1. 伊比利生火腿的檢驗完全依靠火腿師傅敏感的鼻子。

2. 僅用魚骨探針刺入火腿就能確定火腿品質的好壞。

3. 豬前腳較小，風乾時間較短，以免肉質變得太乾硬。

伊比利
生火腿的分級

　　除了由後腿製成的正版火腿（jamón），伊比利豬的前腿也可以製成較為乾硬的「小火腿」（paleta），雖然都是腿，但在風味上其實有差別，通常小火腿的肉質比較乾硬一些，油脂也比較少，熟成的時間比較短，味道比較沒有那麼濃郁多變，價格也比較便宜。除了前後腿的差別，伊比利火腿的分級主要依照豬種的純度和養殖的方式，熟成的時間也會有所影響。

　　由於只需要超過50%的伊比利豬血統就可以用來製作伊比利火腿，混到其他的豬種（通常是白豬）所製成的火腿，在風味上會有差異，屬於DOP法定產區等級的伊比利生火腿則須超過75%以上。許多火腿廠最頂級的產品常會使用100%純種的伊比利豬，一般會以100% Ibérico作為標示。不足100%的伊比利豬則會標示百分比，至於伊比利豬種純度的檢驗則由西班牙國家標準局（Entidad Nacional de Acreditación）負責。

伊比利生火腿的四個等級

　　針對伊比利豬的名稱與分級，自2014年起，西班牙有國家法令的統一規範，主要依照伊比利豬養殖的方式，特別是由牠們吃的食物來源以及品種純度，共分四個等級，包括伊比利生火腿、小火腿、里肌、生鮮豬肉等都依此分法，也有相應的四色塑膠標環會套在每隻伊比利豬腳上作為辨識：

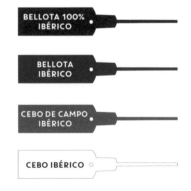

・純種橡木子等級（Bellota 100% Ibérico）

　　最高等級的伊比利豬，必須符合兩個條件：採用純種的伊比利豬，而且必須要經放山增肥，在樹林放養吃橡木子增重到原來體重的50%以上。標籤與塑膠套環的顏色為黑色。

· 橡木子等級（Bellota Ibérico）

　　這一級的伊比利豬，採用血緣純度75%到99%的伊比利豬，必須要經放山增肥，在樹林放養時增重到原來體重的50%以上。標籤與塑膠套環的顏色為紅色。

　　無法吃橡木子長到這個重量的豬，只好再運回農場餵食飼料，用這樣的伊比利豬所製成的生火腿過去有「再餵飼料」等級，不過自2014年之後，此等級已經取消且不准標示Recebo，直接併入下一等級。

· 農場飼料等級（Cebo de Campo Ibérico）

　　雖然橡木子是天然的免費飼料，但沒有足夠放養空間的養豬農場，只能將伊比利豬於農場圈養。密度高，每公頃養近10隻豬，除了吃一些橡木子外，主要餵食穀物和豆類飼料，並無放山增肥。

　　以此方式養成的伊比利豬脂肪顏色較白，也較少特殊的榛果香味，因可以較大規模飼養，價格便宜許多。標籤與塑膠套環的顏色為綠色。

· 飼料等級（Cebo Ibérico）

　　此等級的伊比利豬採高密度養殖，只吃飼料，也無放山增肥，豬種的純度也比較低，養殖的時間也比較短。標籤與塑膠套環的顏色為白色。

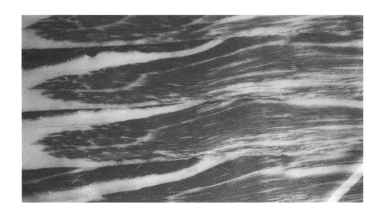

伊比利
生火腿的產區

吉胡耶羅生火腿產區有許多火腿廠自營的火腿店。

　　歐盟的法定產區（Denominación de Origen Protegida）制度也被運用到伊比利火腿的生產上。目前一共有四個法定產區：吾耶瓦伊比利生火腿（Jamón Ibérico de Huelva）、吉胡耶羅生火腿（Guijuelo）、埃斯特馬杜拉農場生火腿（La Dehesa de Extremadura），和貝多切斯生火腿（Jamón de los Pedroches）。伊比利火腿雖然各地的製法類似，但還是有些微的不同，標示和辨識的方式也不太一樣。各產區都定出了生產規定和分級與標示的方法，讓伊比利生火腿的品質有所保障。

吾耶瓦伊比利生火腿

　　在這四個產區內，以安達魯西亞自治區內的吾耶瓦省最為著名，因為區內的山間小村哈布果是全西班牙最著名的伊比利火腿聖地，村莊附近的溫度與濕度最適合伊比利火腿的風乾，這裡的山風與雲氣讓哈布果火腿緩慢地培養出細膩豐富的乾果香氣，有不少著名的火腿廠在哈布果村附近設立風乾室，以培養出最美味、細緻的生火腿。相較於其他DOP產區，吾耶瓦的生火腿雖稍不及吉胡耶羅DOP柔軟甜美，卻以細緻的質地與特別濃郁豐富的香氣見長。

　　位處大西洋岸的吾耶瓦省，和其他氣候乾燥炎熱的安達魯西亞省分比起來，顯得較為涼爽溫和，出產伊比利生火腿的地區位在省內北邊的阿拉塞納山區，是一個涵蓋了31個村莊的自然保護區，除了哈布果村，科爾特迦納（Cortegana）和大昆布雷斯（Cumbres Mayores）兩村也同樣有許多火腿廠聚集。來自大西洋的海風穿過平原，直接撲向這片進入高原地帶前的第一片山脈，在又乾又熱的安達魯西亞境內，營造了一個潮濕涼爽的氣候條件，不僅適合緩慢地風乾火腿，也有足夠的雨量，讓群

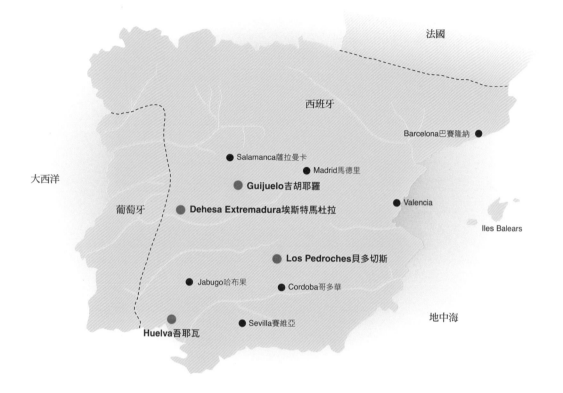

山間長滿了許多伊比利豬最愛的橡樹林。

　　不過阿拉塞納位處自然保護區，最近幾年產量快速成長，豢養的空間不足，製作火腿的伊比利豬大多養在安達魯西亞其他省分或北鄰的埃斯特馬杜拉，養成後再運到阿拉塞納山區製作與熟成火腿，DOP區內目前一共有五十多家火腿廠可以熟成吾耶瓦伊比利生火腿。由於哈布果是區內最知名的火腿村，有十二家火腿廠集聚，包括最知名的Sánchez Romero Carvajal也位在村內，其所生產的5J等級火腿是哈布果生火腿的經典代表。不過村內還有多家菁英廠，例如Juan Pedro Domecq，全部採用100%純種且自養的伊比利豬，延長放山增肥且低密度養殖，且經3到4年的熟成才上市，是哈布果傳統手工製腿的頂尖產品。另外火腿廠Consorcio de Jabugo其10 Vetas精選100%純種的伊比利豬製

成，也有非常高的水準。

　　阿拉塞納自然保護區內各村的自然條件頗為類似，各村熟成的火腿在風味上跟哈布果村其實並沒有太大的差異，為了讓DOP的名字更切要，吾耶瓦伊比利生火腿產區近期將更名，直接以最知名的火腿村哈布果作為DOP的名稱。

　　吾耶瓦伊比利生火腿產區有自己的分級系統，主要依據豬種純度和養殖的方式共分成三級，最高級為Summum，之後是Excellens和Selección。主要差別在於Summum是100%純種的伊比利豬，其餘兩種則是純度在75-99%之間；Summum和Excellens都是以傳統法養殖，進行放山增肥階段只吃橡木子等自然食物，因為每年天氣不同，此二等級也會標示年分。Selección則只是圈養餵飼料。但無論如何，三者都是在阿拉塞納山區完成製作與熟成。

吉胡耶羅生火腿

　　薩拉曼卡省（Salamanca）的西南部山區，鄰近吉胡耶羅村附近，也以生產頂級伊比利生火腿聞名，早自1986年即成為DO產區。吉胡耶羅海拔相當高，達1,010公尺，位在格雷多斯（Gredos）和貝哈爾（Bejar）山脈的交會處，有相當特別的自然環境，屬於氣候極端的大陸性氣候，冬季嚴寒乾燥，夏季酷熱，但非常短暫，同時日夜溫差也特別大，比西班牙其他伊比利火腿產區來得乾燥與寒冷，讓火腿有不同的風乾與熟成效果。因為乾冷的氣候，鹽可以少加一點，鹹味低一些，口感特別甜潤。

　　採用的伊比利豬可以來自西班牙中部和南部12個省分特定區域的農場，但火腿的製作與熟成則必須在薩拉曼卡省西南角的吉胡耶羅村附近，海拔在1,000公尺左右的71個村莊進行。

　　吉胡耶羅生火腿分成三個等級：最高等級的黑標為Bellota 100% Ibérica，以100%純豬種製成，進行放山增肥只吃橡木子等自然食物。接著是紅標的Bellota Ibérica等級，同樣進行放山增

吉胡耶羅是西班牙最北邊，海拔最高的伊比利生火腿產地，特別寒冷乾燥的環境卻生產出滋味最甜美的伊比利生火腿（上圖與下圖）。

阿拉塞納山區是一個涵蓋了三十一個村莊的自然保護區，也是吾耶瓦伊比利生火腿產區的所在。

肥，但豬種純度在75-99%之間。綠標的Cebo de Campo Ibérica則是農場養殖兼餵食飼料的等級。目前吉胡耶羅是所有四個伊比利生火腿法定產區中產量最大的產區，佔全國60%左右。

　　產區內的Joselito是全西班牙，也是全球最知名的伊比利生火腿廠，有自己養殖的豬群，採用純種的伊比利豬，超低密度養殖，每隻豬享有3公頃的樹林，更長的放山增肥的時間以及3年以上的熟成，製成的火腿特別肥潤甜美，而且滋味豐盛濃郁，是西班牙火腿界的超級名牌，也是吉胡耶羅熟成的極致經典。同村還有幾家知名大廠，如Beher和Carrasco等。

埃斯特馬杜拉農場生火腿

　　埃斯特馬杜拉自治區擁有全西班牙最廣闊的dehesa，佔了全國四成的面積，上百萬公頃的橡木及櫟木每年長出80萬公噸的橡木子，足以餵養上百萬隻的伊比利豬，是全國養殖的重鎮，有高達80%的伊比利豬產自埃斯特馬杜拉的農場。

　　除了養殖，自治區南邊的巴達侯省（Badajoz）內的西部山區，也是製作與風乾伊比利生火腿的理想地區，例如Alburquerque村，也生產品質相當高的火腿，如村內只產純種伊比利豬火腿的菁英名廠Maldonado。1990年成為DOP產區，2014年之後，火腿分三個等級：Bellota 100% Iberica，Bellota和Cebo de Campo。

貝多切斯生火腿

　　哥多華（Cordoba）北部人煙稀少的貝多切斯地區，摩爾人將此處的谷地稱為Fahs al-Ballut，意思是橡木子谷。Dehea橡木農場是本地最典型的景緻，使得貝多切斯成為天然的伊比利豬養殖場，吾耶瓦省的火腿廠就常採用在此放山增肥的伊比利豬。不過本地因為沒有大型火腿廠，在四個產區中最不出名，產量也最少，1998年才成立DO產區。火腿只分為兩個等級：Bellota和Recebo。本地除了伊比利豬外，也生產許多山火腿。

埃斯特馬杜拉有著西班牙最廣闊的莽原風景，粗疏的橡木林和草原是野放伊比利豬的最佳環境。

歐洲其他著名
生火腿產區

義大利帕瑪生火腿

帕瑪可能是全世界最著名的生火腿，但是仿冒品也最多。真正的帕瑪火腿（prociutto di parma）只產自義大利北部的艾米里亞－羅馬涅區（Emilia-Romagna）的帕瑪省（Parma）內的南部山區。由亞平寧山吹來的涼爽山風配合當地的溫、溼環境以及四季變化，提供一個風乾火腿的良好環境。海拔262公尺的浪卡亞諾鎮（Langhirano）是製作火腿的中心，每年有數百萬隻火腿在鎮旁風乾熟成，有些火腿廠甚至位在高達900公尺的山區。

帕瑪生火腿是受歐盟法定產區DOP（Denominazione d'Origine Protetta）保護和規範的產品。依規定必須採用傳統的義大利豬large White Landrance和Duroc，在義大利北部豢養，養足9個月，而且體重超過150公斤才能製作帕瑪火腿。豬腿依傳統先去蹄和腳踝，然後經過精緻的修整。以海鹽醃1星期，洗淨後再醃2星期或甚至更久，全視豬腿大小而定。用重鹽的目的是要讓豬腿的外皮脫水形成硬殼，以保存腿肉內的水分，讓肉不會在漫長的風乾過程中變乾硬。醃完鹽之後以低溫保存3個月讓火腿穩定，洗淨後，在腿肉外露的部分塗上以豬油、米磨成的粉以及胡椒混成的脂肪泥，防止火腿太乾硬，加胡椒的目的是為了防蚊蟲，不會影響火腿的味道。

接著進行風乾過程，直接由自然的溫、溼度變化來熟成火腿，一般7、8公斤的火腿大約要風乾7個月，12公斤以上的火腿，風乾時間常超過1年。完成風乾的火腿會被送進較涼爽的地窖完成最後熟成，越重的火腿越經得起久存，味道也越豐富。公會的檢驗師會在火腿製作1年之後進行檢測，通過後才能在火腿上烙印「Parma」字樣的公爵皇冠，做為辨識的標誌。產區內有189家火腿廠，年產900萬隻合格的帕瑪生火腿，佔義大利生

帕瑪生火腿通常要風乾熟成七個月到一年的時間。

除了去蹄，帕瑪生火腿在腿肉外露的部分會塗上以豬油、米磨成的粉，以及胡椒混成的脂肪泥，防止火腿太乾硬。

火腿產量的三分之一，而這也意謂著即使是正牌的帕瑪生火腿水準也有差異。

上好的帕瑪火腿至少要9公斤以上，有一層非常厚的白色皮下脂肪，肉色明亮、帶一點粉紅的磚色，切成薄片後細滑柔軟，香氣多變，微帶一點木香，是香味細緻、質感柔嫩的美味生火腿。

義大利聖丹尼耶烈生火腿

在所有白豬製成的生火腿中，我特別喜愛產自義大利東北部的聖丹尼耶列生火腿（prociutto di San Daniele），它的甜潤與細緻，很少有其他生火腿可以比得上。聖丹尼耶列鎮（San Daniele del Friuli）位於義奧邊境的阿爾卑斯山腳下，小鎮居民有8,000人，海拔252公尺，在阿爾卑斯積雪山頂的涼爽山風，以及亞得里亞海溫和潮濕的海風相交會下，營造了本地生火腿風乾與熟

成的絕佳環境。

　　採用的是義大利傳統或雜交的大型豬種，至少要養9個月，
160公斤以上，而且每隻腿的重量要超過11公斤，腿背脂肪厚度
要超過1.5公分。製作時連腳帶蹄，依大小不同，以海鹽醃約14
到16天，醃的時間比一般的生火腿短，製成的火腿比較不鹹。
醃完之後還要經過擠壓，除了讓鹽的分布更均勻，也讓肥厚的
皮下脂肪可以滲透進瘦肉裡，擠壓的過程也讓生火腿的外型變
為著名的吉他形狀（事實上比較像魯特琴）。風乾的時間最少
要10個月，一般約經過13個月風乾才上市。

　　聖丹尼耶列生火腿的肉色比一般生火腿淡，偏粉紅色，外
圍包裹著一層珍珠白的油脂，非常美麗，可以切成半透明的薄
片。上好的產品肉質柔軟細膩，鮮嫩多汁，甜潤可口，而且有
細緻綿長的餘味，比帕瑪火腿更為柔細甜美。

　　聖丹尼耶列生火腿也是歐盟法定產區等級DOP的火腿，有26
家火腿廠，年產200萬隻，要辨別真偽，只要看腿皮上是否燒印
SD字母的火腿圖案即可。

義大利琴塔豬生火腿

　　琴塔豬生火腿（prosciutto di Cinta Senese）以托斯卡納的稀有
原生豬種所製成。此接近半野生的豬，身體黑色，僅前腿到肩
部呈白色，有如圍著一條白色的肩帶一般。多採用半野放的方
式飼養，琴塔豬自己會在樹林間覓食，找橡木子、山毛櫸子、
樹根等天然食物，半野放養殖需多一倍的時間，生產成本高，
是義大利最昂貴的生火腿之一。製成的火腿通常連蹄帶骨，鹹
味稍重，顏色深紅，滋味豐富而且油脂多，帶著一分甜潤，和
一些乾果餘香。

義大利酷拉鐵洛生火腿球

　　在帕瑪省內也生產另一種義大利的極品生火腿，稱為酷拉鐵

義大利中部傳奇的琴塔豬生火腿（上
圖與下圖）。

酷拉鐵洛生火腿球是義大利最珍貴的生火腿製品。

洛（culatello），是精心挑選出豬腿肉最細嫩的部分，去骨與皮後，用油、皮和腸衣包裹綑綁成梨型，風乾14個月而成。這種或許可以稱為重組生火腿球的生火腿，雖然外表醜怪，但內裡的肉質卻是柔嫩精巧，甜潤無比，是義大利最珍貴的生火腿。

西班牙鐵維雷滋山火腿

雖然不是所有的生火腿都產自山區，但西班牙的白豬火腿卻都稱為山火腿（jamón serrano）。因為氣候和製法不同，西班牙的生火腿肉質比較乾硬，也許不及義大利生火腿的鮮嫩多汁又有彈性，但是西班牙的山火腿多香氣，味道也特別豐富濃郁，而且有咬勁。山火腿的製法類似伊比利生火腿，也是除了鹽之外完全不添加其他東西，只有在風乾時在火腿切口的肉上塗抹豬油，以防肉質過於乾硬。

在西班牙眾多的山火腿產區中，最著名的是產自安達魯西亞自治區內的鐵維雷滋山火腿（jamón serrano de Trevélez）。另外亞拉崗自治區（Aragón）的鐵胡耶省（Teruel）所出產的生火腿是全西班牙第一個生火腿法定產區。加泰隆尼亞自治區（Cataluña）的吉羅那省（Girona），以及卡斯提爾雷昂自治區（Castilla y León）的索里亞省（Soria），也都是山火腿的著名產地。除了不同產區的差別，一般山火腿也因風乾分成不同等級，Reserva等級通常風乾較久，Bodega等級則是多出幾個月的窖藏陳年，不過這並非經過法定認定的等級，僅能做為參考。

位居西班牙最高峰內華達山南麓的鐵維雷滋村，是一個僅擁有800村民，遺世獨立的山間村落。村子分成上村、中村與下村三部分，位在海拔1,500到1,700公尺的陡坡上，是西班牙位置最高的村莊，經常為白雪所覆蓋。村裡到處都是風乾火腿的培養室，寒冷的氣候配上因溶雪與地中海水氣所帶來的溼潤感，讓山火腿在內華達山間的雲氣間緩緩地風乾熟成。

鐵維雷滋村因為天氣冷，火腿成熟慢，風乾的時間特長，常

常超過1年或更久，可以慢慢地培養出細緻迷人的香味，並帶一點乾果香氣。白豬的皮下油脂較薄，如果風乾時間太長，火腿變得乾硬，反而難吃；鐵維雷滋村的空氣溼潤，讓火腿不會太快變硬，吃起來柔潤細滑。除了成熟慢與細緻的特性，鐵維雷滋火腿也因為鹽分較低，而多了一份甜美的口感，這要歸功於高海拔的涼爽氣候，以及自內華達山頂吹來的北風，讓火腿容易保存，醃鹽的時間可以縮短。就味道而言，鐵維雷滋生火腿是最接近義大利帕瑪風味的西班牙生火腿。

法國拜雍生火腿

　　法國各地幾乎都生產火腿，其中有些品質不錯，不過並沒有像義大利或西班牙出現明星級的火腿產區，唯一稍具名氣的是拜雍生火腿（Jambon de Bayonne）。這款法國銷量最大的生火腿，產自法國西南部鄰近西班牙拜雍城附近的巴斯克地區（Pays Basque），採用露天飼養的豬後腿，以岩鹽和愛斯貝列特村（Espelette）產的紅辣椒調味，經6個月以上風乾而成，拜雍生火腿是全法國最著名的生火腿，年產150萬隻，大部分都是大量生產的工業化產物，水準良莠不齊。品質佳的是像伊拜歐那火腿廠（Ibaï Ona）一般，採用傳統穀物養殖，依傳統手工製作，並且經過長年風乾熟成。不過產量不多，並不常見。

法國碧戈黑豬生火腿

　　原產自法國西南部庇里牛斯山下的碧戈（Bigorre）黑豬是法國生火腿的希望，經多年的復育，已經有不錯的成果。此原生古種黑豬曾因產肉量少且慢而被白豬取代，幾近絕種。也適合半野放養殖，在樹林中覓食。以連蹄帶骨製成火腿，比拜雍生火腿更多滋味與油脂，也有較多的乾果香氣。

內華達山麓的鐵維雷滋村像一朵飄在綠山間的白雲，在寒冷溼涼的環境裡孕育西班牙最美味的山火腿。

鐵維雷滋村因為天氣冷，火腿成熟慢，風乾的時間特長，可以慢慢地培養出細緻迷人的香味。

碧戈黑豬。

挑選與品嚐
伊比利生火腿

上等的伊比利火腿和一般的山火腿價格相差很大，有時高達三倍以上；不過在挑選時，光從外表就很容易分辨兩者的差別。伊比利火腿的蹄色較深，有時還帶著一些深色的毛，腳踝也比一般的豬窄細。最好選擇7到8公斤重，過大或過小都不適合。普通的山火腿經常保留豬皮以免火腿變得乾硬，但伊比利火腿因為皮下脂肪非常肥厚，所以製作時除了腳蹄的部分留著原本的皮毛外，大腿的部分都已去皮，只留脂肪。選擇時可以直接觸摸深厚的脂肪，若摸起來柔軟帶彈性，表示火腿已熟成。

其實，從脂肪的顏色也可以分辨是否為吃橡木子增肥的伊比利豬，吃飼料的豬脂肪純白，天然橡木子的油脂卻是白中帶黃，這是因為橡木子中含有豐富的胡蘿蔔素所致，在切開之前，外表看起來呈金黃色，並且有一些黴菌留下的斑點。

現切現吃

在熟成培養的過程，火腿的美味可以經年累月地包裹在黑腳豬肥厚的皮下脂肪裡，但如果切開與空氣接觸很快就會變得乾硬，失掉肥腴多汁的口感，所以一定得現切現吃。在西班牙的餐廳裡總會架著一隻閃著油光的伊比利生火腿，由專人操刀，純手工仔細地用細長的尖刀切下火腿薄片，西班牙的生火腿全是連骨帶蹄，無法用機器切片，於是切火腿也成為西班牙餐廳裡最特別的用餐儀式。

切生火腿是門學問，好刀法得靠經驗累積才能切出細薄透明的火腿片。整隻的帶骨火腿要先切掉最外一層帶有深色黴點的脂肪，但是不能切得太深，火腿外圍還是得留一層肥油以防鮮嫩多汁的火腿肉變得乾硬，而且在脂肪內也保留著許多火腿的

手工現切的伊比利生火腿比機器切的厚一點，更能吃出火腿特殊的質感。

現切生火腿是每一家西班牙酒館每天不斷上演的精彩表演。

香味。為了方便切割，火腿通常得固定在架子上，以蹄朝上，才能切出薄片。為了方便，有些火腿廠會推出去骨的伊比利生火腿，這樣就能用機器切成如花瓣般的薄片，但並不多見。

美麗的大理石紋

從火腿肉片就更能確定火腿本身的品質。上好的伊比利火腿密布著美麗的大理石紋油花，肉色殷紅帶紫，油脂較多的部位甚至出現有點帶粉白的玫瑰色。眼尖的人會在火腿的纖維間發現一粒粒白色的小點，這些看起來不是很可口的小點常被誤以為是黴菌，事實上這些小點卻是高品質的象徵。在培養過程中，火腿中的「酪氨酸」（tirosina）在酶的作用下結晶成這些白點，有如糖霜般的咬感相當特別，需經過2、3年以上培養的陳年火腿才會出現這樣的結晶。

其實同一隻火腿的不同部位也有不同的口感和香味，大腿內側，也就是豬蹄朝上的這一面，顏色呈玫瑰粉紅，肉質最為鮮嫩，油花也最密，肥潤可口，香味細膩，一般火腿都從這部分開始切，是整隻腿的精華部位，常有火腿溶於口的美妙滋味。腿背較瘦，顏色呈深紫紅色，肉質有彈性，也比較有咬勁，而且香味比另一面濃郁豐富，至於靠近蹄的那一邊，雖然比較窄，但因為有皮保護，肉質鮮嫩多汁，只是筋會比較多。

西班牙餐館必備

在西班牙，所有的酒吧或餐廳都會擺上一隻生火腿，高級一點的，必定採用伊比利生火腿，現切一盤，是西班牙最可口的餐前開胃菜。比較講究的地方還會有多種選擇，除了一般的伊比利生火腿外，還會有專吃橡木子的頂級bellota，或是特選，經較長時間熟成的reserva，有時也供應肉質比較有彈性，熟成時間比較短，由前腿製成的伊比利小火腿paleta ibérica。

一隻8公斤重的生火腿大概只能切出4.5公斤的火腿肉，這是

沒有一家西班牙塔巴斯酒館敢不供應生火腿，就像愛爾蘭酒吧不會沒有黑啤酒一樣。酒館裡一熱，掛在吧台上的伊比利生火腿開始滲出油來，暗沉的火腿油香逐漸飄散到酒館的每一處，混著吵雜的人聲成為西班牙最難忘的記憶。

最精華的部分，適合單吃或配簡單的麵包，並不適合烹調。除了長著黴菌的外圍脂肪不能吃之外，一些被切掉，過乾硬的邊塊或是最後切剩的骨頭，都是熬湯的珍品，而火腿硬塊也可以切碎加入蛋裡做成煎蛋。

雪莉酒與生火腿

　　味道豐富的伊比利生火腿和雪莉酒是西班牙最獨特、也最無法取代的兩項美味特產，而且彼此也非常對味。在安達魯西亞的酒館吃火腿時，本地人習慣佐配一杯雪莉酒。不過，在種類繁多的雪莉酒中，適合配生火腿的只有屬於干型、不帶甜味的Fino或Manzanilla兩種風味比較細緻的雪莉酒。這兩種雪莉酒因為在進行橡木桶培養時，酒的表面長著一種白色的黴菌，會吸收酒中的甘油，讓口味變的極干，不帶任何圓潤滋味，和肥潤的生火腿剛好出現極度的味覺對比，若是較陳年，更甜潤，多榛果香氣的火腿也可以搭配Amontillado類型的雪莉酒。西班牙北部地區則喜歡搭配紅酒來品嘗，產自利奧哈（La Rioja）產區的紅酒最受歡迎。

　　根據經驗，帶酸味，稍濃一點的白酒也很合適，不過要避免太清淡的白酒或過於濃重的紅酒，其實年輕、順口、多果味的紅酒反而比較恰當。至於香檳或西班牙的Cava氣泡酒也是很好的搭配。

　　除了火腿與小火腿，其他部位的伊比利豬肉也可以製成其他醃製肉品，例如較少肥油的里肌肉也可製成里肌條乾（lomo），更常見的是各式的臘腸如原味的Salchichón添加甜紅椒粉的Chorizo等。另外，由豬腹油脂製成的Lardo與風乾的培根（Panceta）更是最美味多香的豬油脂。新鮮的伊比利豬肉，除了瘦肉多一些的里肌（lomo）和小里肌（solomillo）外，肌肉中有較多油脂的Cabezada、Pluma和Secreto，甚至更多油的三層（Panceta）等等，是西班牙餐桌上最讓人難忘的記憶，肉質肥美滑潤，兼有獨特香味，簡單的乾煎加上一點鹽花就遠勝過任何繁複的豬肉料理。

纖維間的白色小點是火腿培養過程中，「酪氨酸」在酶的作用下結晶形成的，需經過2、3年以上培養的陳年火腿才會出現這樣的白點。

1. 由左至右：chorizo, lomo和Salchichón。

2. 伊比利豬的生里肌肉。

3. 哈布果村中的Churizo煙燻室。

1
2 | 3

Chapter 6

帕馬森
乾酪

Parmigiano-
Reggiano

在全歐洲難以計數的乳酪中，產自義大利帕瑪省（Parma）附近
地區的帕馬森乾酪（Parmigiano-Reggiano）是最讓我朝思暮想
的乳酪極品，也是我最喜愛的義大利美食特產。在義大利，它
被稱為乳酪之王，即使是號稱有四百多種乳酪的法國，也沒有
任何一種可以和義大利的帕馬森乾酪相比。

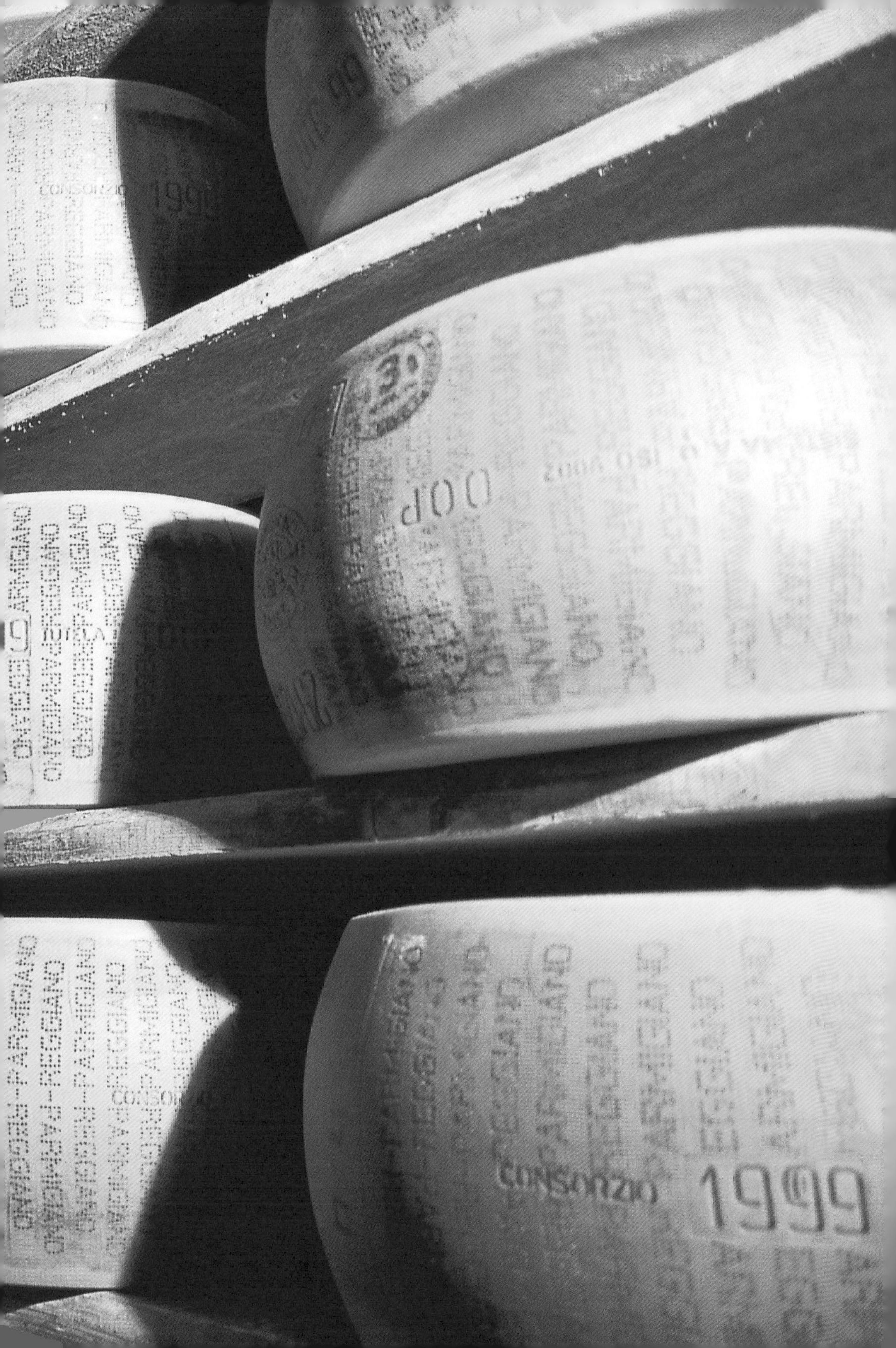
CONSORZIO 1999

義大利
乳酪極品

對於歐洲各地的奇珍美味我總是充滿著無限的好奇，但唯獨對乳酪卻提不起太多的熱情，我總試著讓自己相信是難以消化乳製品的腸胃戰勝了充滿貪戀的舌頭。不過在全歐洲難以計數的乳酪中，也有例外，產自義大利帕瑪省附近地區的帕馬森乾酪（Parmigiano-Reggiano）是最常讓我朝思暮想的乳酪極品，也是我最心愛的義大利美食特產。在義大利，它被稱為乳酪之王，即使是有四百多種乳酪之稱的法國，也沒有任何一種可以和義大利的帕馬森乾酪相比。

真假帕馬森

帕馬森乾酪的中文譯名來自英文Parmesan cheese，而英文則是直接翻自法文的Parmesan，知道義大利名Parmigiano-Reggiano的人反而不多，但在這些名稱下其實暗藏著玄機。帕瑪在1814到1847年間曾由法國拿破崙的第二任妻子瑪麗－路易斯（Marie-Louise）所統治，Parmigiano指的是帕瑪人或帕瑪的產品，這裡出產的乾酪也以Parmigiano為名。因為法國統治的關係，帕馬森乾酪開始風靡法國，之後也經由法國人傳到世界各地，Parmigiano的法文譯名Parmesan於是取代了義大利的原名風行全球，並且逐漸被用到其他類似的乳酪產品上而造成混淆。

將帕馬森乾酪視為極品，很多人不見得會同意，因為大量生產的罐裝工業乳酪粉，或超市裡塑膠袋裝著用來撒在義大利麵上的乳酪粉，也都標著Parmesan cheese。但事實上，這些產品都不是真正的帕馬森乾酪，而且大部分都不是來自義大利，就好像過去經常將廉價的氣泡葡萄汁稱為香檳一樣，如果拿這些冒名的產品來質疑帕馬森乾酪的水準，那就完全錯了。

真正的帕馬森乾酪來自義大利北部的艾米里亞－羅馬涅區

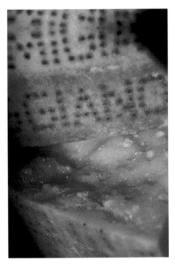

真正的帕馬森乾酪來自義大利北部的艾米里亞－羅馬涅區，不僅帶著迷人的乾果香氣，吃起來還有著如砂粒般的特殊質感。

帕馬森乾酪是最容易辨識的乳酪，外皮滿滿地模印著Parmigiano-Reggiano的字樣，還刻印製造年分、月分、乳酪廠號、烙鐵烙上的公會章記，布滿著字，像是一件裝置藝術品。

帕馬森乾酪產區圖

往米蘭

往Verona

LOMBARDIA

往威尼斯

● MANTOVA曼多華

波河

波河

Ongina河

PARMA帕瑪 ●

● REGGIO NELL 'EMILIA雷吉歐

● MODENA摩典那

雷諾河

義大利

EMILIA-ROMAGNA
艾米里亞－羅馬涅區

● BOLOGNA波隆那

塔羅河

恩薩河

LIGURIA

▲
亞平寧山

TOSCANA托斯卡那

往比薩

往羅馬

（Emilia-Romagna）裡的幾個省分，有非常嚴格的生產規定，不僅帶著迷人的乾果香氣，吃起來還有著如砂粒般的特殊口感。這種風味的乾酪在義大利稱為Grana（粒質狀），但Grana並不見得都產自帕馬森產區，在乳酪店或義大利餐廳買到或吃到的Parmesan cheese有很大一部分其實僅是產自義大利北部，工業化生產的Grana或品質稍好一點的巴達諾乾酪（Grana Padano），還不是真正的「Parmigiano-Reggiano帕馬森乾酪」。

雖然現在Parmigiano已經是受到法律保護的名稱，不能隨便使用，而且理論上譯名也在保護範圍內，但是更出名的法文譯名Parmesan在歐盟以外的國家卻還是常被冒用。早自1934年就已經成立公會，保留帕馬森乾酪的傳統，並且自1955年成為法定產區（Denominazione di Origine Controllata）乳酪，有全世界最嚴格的乳酪製作規定，保證品質與傳統風味，並且也致力於Parmigiano-Reggiano名稱的保護。

應該算是盛名之累吧！仿效的產品特別多，但是，相較於其他乳酪，帕馬森乾酪卻也是最容易辨識的乳酪，每個乳酪的輪狀外皮上在入模製造時，就已滿滿地模印著數十排Parmigiano-Reggiano的字樣，只要看過一次真品，就不會搞錯，即使買的只是散切的乾酪，只要有切到一小片外皮，就能馬上確認。獅毛色的外皮上，閃著油光，刻印製造年分、月分、乳酪廠號，以及產區檢驗單位在檢查合格後，以燒紅的烙鐵烙上的橢圓形章記，布滿著字，像極一件流行飾品，或是裝置藝術品，不僅好吃，也非常好看。

產自義大利的美食精華地區

帕馬森乾酪產區位在義大利向來以美食聞名的艾米里亞－羅馬涅區，是國際知名的帕瑪生火腿、傳統巴薩米克醋以及Lambrusco氣泡紅酒的故鄉。

法定產區範圍位在波河以南，亞平寧山以北之間的平原與丘陵區，幾乎和數百年前一般，不論牛奶的來源、乳酪的製作

帕馬森乾酪和帕瑪生火腿一樣以帕瑪為名，流經帕瑪市東邊的恩薩河是帕馬森乾酪的原始產區。

與熟成，都要在這個傳統產區範圍之內。這個區域主要以帕瑪省、雷吉歐省及摩典那三個省為主，另外還包括了波隆那省位於雷諾（Reno）河以東的一小部分地區，以及曼多華省內波河以南的一小塊地區。

最早的帕馬森乾酪起源地位於帕瑪和雷吉歐兩省之間的恩薩（Enza）河谷，這個區域一直是帕馬森乾酪的核心地帶，許多人認為河谷附近的丘陵區生產的乾酪品質最高。

雖然兩省都產上等乾酪，但過去帕馬森乾酪一直都以帕瑪省為名，一直晚至成立法定產區時，帕馬森乾酪的義大利文正式名稱才結合了兩個省的名字，稱為Parmigiano-Reggiano，因為有點長，所以一般都還是習慣簡稱為Parmigiano。

帕馬森與巴達諾

義大利北部是帕馬森乾酪與巴達諾乾酪的起源地，有些學者認為兩種風格類似的乾酪其實是一起發展起來的。他們認為位在米蘭和帕瑪之間的哥多紐（Cordogno）是最早開始生產Grana乳酪的地方，因為這個地區的產品都透過帕瑪的市場賣出，所以乳酪才取名帕馬森乾酪，後來哥多紐劃入羅地市（Lodi）轄下，生產的乳酪才又改成羅地吉亞諾乾酪（Grana Lodigiano），這個名稱至今都還會被當成是Grana乾酪的代名詞。

但是另一派的歷史考據和推斷則認為早在哥多紐生產Grana乾酪之前（約在十二世紀時），波河支流恩薩河以及克羅斯多羅（Crostolo）河流域附近，也就是現在的雷吉歐省西面與帕瑪省交界的地區，就已經生產類似現在帕馬森乾酪的乳酪，成名之後才流傳到羅地等地。不過還是有學者提出巴達諾乾酪的歷史更久遠的說法，認為米蘭附近，屬於熙篤會的奇雅瓦雷修院（Abbazia di Chiaravalle），自西元十世紀初起就開始製作類似風味的乳酪，因為容易保存且口味特殊，才傳遍義大利北部各地。

歷史名人與帕馬森乾酪

十四世紀中，義大利文藝復興時期人文主義作家薄伽丘（Giovanni Boccaccio）的名著《十日談》（*Decamerone*），提到一段有關帕馬森乾酪的故事。書中描寫逃避鼠疫來到鄉間的佛羅倫斯人馬索（Maso），在第八日的第三則故事中提到一個叫做Bengodi的懶惰者樂園，在那裡有一座用磨成粉的帕馬森乾酪所堆成的山，住在山上的人只會製作通心粉和義大利餃，煮好之後，把通心粉和餃子放在乳酪上滾一滾以增加味道。相隔650年，義大利麵撒上帕馬森乾酪粉仍是最受歡迎的義大利料理。

十六世紀中，佛羅倫斯米第奇家族的凱薩琳（Catherine de Médicis）嫁給法王亨利二世（Henri II），她除了將刀叉帶入當時還以手用餐的法國宮廷，也將帕馬森乾酪引進法國。在同一時期，有人在一本阿比西斯（marcus Gavius Apicius）一世紀寫的 *De re culinaria* 書上寫了註解，認為帕馬森乾酪和Marzolino（即現在的Pecorino綿羊乳乾酪）是義大利最優秀的乳酪。

之後不斷地有文獻記載著帕馬森乾酪的美味，而且不僅限於義大利，在歐洲各地都受到注意。有人特別提起根據法國劇作家莫里哀（Molière, 1622-1673）的傳記，他在晚年時特別喜歡吃帕馬森乾酪，顯然當時已經瞭解到帕馬森乾酪的滋養及易吸收。

屬於Grana類型的乾酪可能溯源自十世紀的熙篤會修院。

以完全自然的牛奶
為原料

秋季晚上擠出的荷士登牛奶。過去秋天的乳量少，因此含有較多的脂肪和酪蛋白，製成的乳酪特別受到喜愛。

因為屬於DOP法定產區乳酪，所有真正的帕馬森乾酪都必須符合法定的標準製作，除了新鮮的牛奶、鹽、酵母以及取自小牛胃裡的乳凝素之外，其他的東西如抑制劑、防腐劑和色素等都不能添加。連乳牛所吃的食物也都有嚴格的規定和管制，新鮮或乾燥的苜蓿草是主要食物，另外也補充餵食其他穀物，在餵食的天然飼料中，也絕不能加進任何包括抗發酵劑在內的添加物。也因為帕馬森乾酪所使用的牛奶要求比較嚴格，所以通常可以賣出比一般牛奶還要貴的價格。

產季的影響

現在，帕馬森乾酪法定產區內，還有上萬的酪農牧場生產新鮮牛奶，過去乳酪都是在農場裡製作，但現在大部分的牧場都只專營牧牛，牛奶全賣給合作社，很少自製乳酪。在1984年之前，牛奶的產季從4月初開始到11月中就停止，秋天受孕的母牛在春天生產後才能供應牛奶。現在因為採用人工授精技術，一年四季都能生產牛奶，牧場工作也從原來的季節性步調轉為全年無休，全年都有小牛出生，每天的清晨與傍晚都要擠奶。

過去在秋天產季的末尾，奶量少，但生產的牛奶卻含有最多的酪蛋白，特別的香濃，也適合久放，因此，以前從9月到11月中所出產的乳酪最受到人們的喜愛。也有人特別喜愛春天製的帕馬森乾酪，那是用春天的第一批初乳製成，母牛吃了整個冬季的乾草後，開始吃到新鮮的牧草及草地上的花，據說春天牛奶因此含有天然的胡蘿蔔素，讓製成的乳酪更加金黃，而冬季只餵乾草時，乳酪的顏色會較白皙。

不過現在艾米里亞－羅馬涅區所在的波河平原是義大利最肥沃富庶的地帶，珍貴的土地都用於種植水果、蔬菜以及穀物等

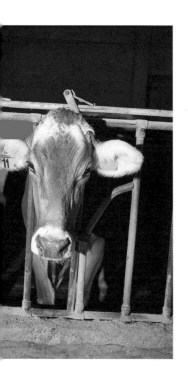

來自瑞士的棕色乳牛Brune des Alpes
乳牛在二次戰後引進帕馬森乾酪產
區。

農作，丘陵地則是種植釀酒或製醋的葡萄，僅有在山區才偶爾看見露天的廣闊牧場，大部分的農場都是集中畜養。

乳牛品種

用來生產帕馬森乾酪的牛奶來自三個主要的乳牛品種，包括在地的傳統紅牛Vacche Rosse，自荷蘭引進的荷士登（Holsteins）以及來自瑞士的棕色乳牛Brune des Alpes。其中，黑白相間的荷士登是目前最主要的牛種，幾乎大部分生產帕馬森乾酪的酪農都只養殖荷士登。原因很簡單，平均可日產約25至30公升牛奶的高產乳量並非其他乳牛可與相比，例如傳統的紅牛，日產乳量約僅有18公升。

因為經濟因素，棕色乳牛和荷士登在二戰後開始引進帕馬森乾酪產區養殖，逐漸取代傳統紅牛的角色，這個產自雷吉歐省，又稱為Reggiana的珍貴古老牛種便從1950年代的40,000多頭遞減到1981年的450頭，僅餘百分之一，幾近消失。在1980年代末，開始出現標榜以純紅牛奶製成的帕馬森乾酪Parmigiano Reggiano Vacche Rosse之後，傳統紅牛的復育才開始受到注意，現在已經恢復到約3,000頭的規模，不過因為產製成本較高，仍不到1950年代的十分之一。

紅牛的祖先在六世紀時由北方的蠻族帶進義大利，在中世紀北義的本篤會和熙篤會修道院中所製作的Grana，或最早的帕馬森乾酪，都很有可能是用此牛種所產的奶製成，是帕馬森乾酪之母。除了歷史因素，紅牛奶也有一些特別適合製作帕馬森乾酪的特質，奶中有非常高的酪蛋白和脂肪，讓帕馬森乾酪特別耐久，更適合用來製造高等級的特陳帕馬森乾酪。

這種乾酪比荷士登牛奶製成的乾酪更耐久放，香味也更濃郁，吃起來口感也較油潤，不會乾硬。純紅牛奶製成的帕馬森乾酪大多經過24個月以上的陳年才上市，也可找到熟成40個月以上的珍品。由於傳統使用紅牛的牛奶製作，過去歷史上的帕馬森乾酪甚至可以培養到10年以上還不變壞。

帕馬森乾酪
的製作

　　帕馬森乾酪已經有700多年的歷史，最難得的是，700年之後，在同樣的地區，人們還是用類似的技術和方法來製作帕馬森乾酪，即使柴火已經改成了瓦斯，但製作的容器、切割乳酪的工具，以及師傅們的動作和姿勢卻全都保留了下來，風味獨特的乳酪也一樣延續了數個世紀。

　　帕馬森乾酪因為製法特殊，只能由中、小型的乳酪廠來製作，所以即使現在生產帕馬森乾酪的乳酪廠已經日漸減少，但還維持著七百家的規模，每年共生產300萬個帕馬森乾酪。

　　我參觀的第一家乳酪廠蒙多西（Montorsi）位在摩典那省的奇塔諾瓦（Cittanova）村，是和牧場合在一起的農莊，莊主李諾（Lino Balzarini）自己種植有機牧草，豢養200多頭母牛，他的乳酪廠只用自產的牛乳，所以每天大約只能產10個乳酪，是一家超小規模的自足農莊。雖然經營效率不比合作社，但近年來小型農場自產的乳酪開始受到注意，所以可以賣出更高的價錢。

早晚各擠一次奶，荷士登乳牛每天平均可產約25公升的牛奶，需要24隻乳牛的奶才夠做成一個帕馬森乾酪。

依據規定，製作帕馬森乾酪時必須依傳統，採用取自未斷奶的小牛的皺胃（caillette）內的乳凝素，不得以其他產品取代。

　　在一般的小農莊，乳酪製作一天只有一次，從早上6點開始，不到8點就結束了，要參觀製程必須早起，我和莊主李諾直接約在正在蒸發著熱氣的乳酪廠（Caseificio），第一次見識到精彩的乳酪製作。帕馬森乳酪的製造方法雖然部分由機器取代，但製程還是相當傳統，即使是大型合作社也幾乎是手工製作。

前天早上製好的乳酪已經要脫模了，但還要再等上2年的時間才能成為美味的帕馬森乾酪。

去脂

　　前一晚擠出的牛奶放在淺盆容器裡，一早先撈起自然凝結、漂浮在牛奶表面的鮮奶油，李諾說這個步驟可以減少乳酪中的含脂量，讓帕馬森乾酪吃起來甜潤而不油膩。牧場早上5點鐘開始擠奶。6點鐘，前晚去脂的牛奶與早上現擠僅靜置1小時的新

鮮牛奶，一同倒入傳統的倒鐘型銅鍋裡。

　　依規定，所有帕馬森乾酪都必須在鐘型的銅鍋裡面製作，這個傳統容器在帕馬森乾酪產區已經沿用了數個世紀。銅的材質有利於傳熱，而且受熱均勻，在燒木材加熱乳酪的時代確實相當重要。現在雖然幾乎都採用瓦斯來加熱，但依據規定銅鍋內部與牛奶接觸的那面必須是用銅製成，外部則可以使用其他的材質。倒鐘的形狀可以讓乳酪在最後的沉澱階段自然形成一個圓球狀，方便整個自鍋底挖出來，成為一個乳酪團。

　　每鍋的容量大約1,200公升。蒙西多有5個銅鍋，每鍋產2個乳酪，剛好夠做10個帕馬森乾酪，在奶汁比較少的季節只能做8個。

乳酸發酵

　　依規定，帕馬森乾酪必須用生乳製作，所有牛奶在製作之前不能進行加熱滅菌，對許多歐洲的頂尖乳酪而言，這是保持原產地風味的重要關鍵。裝滿牛奶的銅鍋內，首先加入乳酸菌進行發酵以提高牛奶酸度，大部分的牛奶中都含有天然的乳酸菌，和蒙西多一樣，許多乳酪廠並不需要特別購買乳酸菌，而是直接加入前一天保留下來的乳清就可以啟動乳酸發酵，讓牛奶達到適當的狀態以利接下來乳凝的效果。

凝結

　　牛奶在完成一部分的乳酸發酵後開始加熱，並且緩慢地攪拌直到溫度達33℃為止，熄火後蒙西多的乳酪師傅（casello）在銅鍋裡加入一杯透明的液體——乳凝素。依規定，製作帕馬森乾酪必須採用取自未斷奶小牛的皺胃內的乳凝素。大約15到20分鐘後，在乳凝素的作用下，牛奶開始凝結成塊（cagliata）。這時乳酪師傅用一支稱為Spino的器具（狀似頂端架著圓形燈籠）在銅鍋內攪拌，已凝結、但還相當柔軟如豆花般的乳凝塊逐漸

鐘型銅鍋。

乳酪師傅正在檢視乳酪的硬度，這是製作帕馬森乾酪的關鍵時刻。

Spino是傳統的乳酪工具，過去是採用藤枝編成。

被切成小碎塊。

加熱與攪拌

完成切割後，銅鍋再繼續加熱，先緩慢地加熱到45℃，然後再開大火迅速達到55℃。同時攪拌機不斷地攪拌銅鍋內的乳凝塊，這個動作使乳凝塊開始脫水，和液態的乳清分開，縮小變成如米粒般大小的白乳酪，質感也變得更硬，更加有彈性，至於煮的時間全由乳酪師傅決定，因為這是關鍵時刻。

未來在熟成過程中，帕馬森乾酪是否能出現Grana粒質狀的咬感和這些細白乳酪的大小與硬度有絕大的關聯。師傅拿著一個淺盤，不時地撈起乳酪以手指搓揉檢視，確定夠硬之後再熄火並停止攪拌，通常大約要攪拌10到15分鐘。

撈取

熄火之後，細粒狀的新鮮乳酪開始沉澱到鍋底，大約要1小時才會完全沉澱。在這段等待的時間，我們參觀了乳酪廠的培養室，回來之後沉澱的乳酪因為壓力的關係已經在鍋底凝結成一大塊乳酪團，這時師傅用一支長木棍自鍋底托起乳酪團，並且靈巧地利用乳清的浮力將乳酪包入麻布內，綁繫在一根棍子上。一個乳酪團可以製成2個帕馬森乾酪，乳酪師傅拿出長刀將乳酪團對切成兩半，在助理（師傅的兒子）的協助下，再度利用浮力將其中一個乳酪包進另一塊麻布裡。

1,000多公升的牛奶只能做2個乳酪，平均製作1公斤的帕馬森乾酪需要耗掉16公升的牛奶，一個約40公斤重的帕馬森乾酪則需要耗掉600多公升的牛奶。像蒙多西這樣的小乳酪廠1天才產10個乳酪，光是這樣的產量就需要飼養200隻以上的母牛供奶。李諾說剩下的乳清收集起來可以再製成ricotta乳酪，這種簡單便宜，不太有味道的大眾乳酪，在義大利相當受歡迎，常混在生菜沙拉裡當前菜。剛製成的乳酪柔軟有彈性，稱為tenero，我嚐

1	2
3	4
	5

1. 長木棍托起的乳酪團包入麻布之中。

2. 麻布兩端繫綁在棍子上。

3. 乳酪團分切成兩半。

4. 一分為二的乳酪團分別包入兩張麻布，可以製成兩個帕馬森乾酪。

5. 包著麻布的乳酪團被放進法斯切拉模型裡，成為圓筒狀的乳酪。

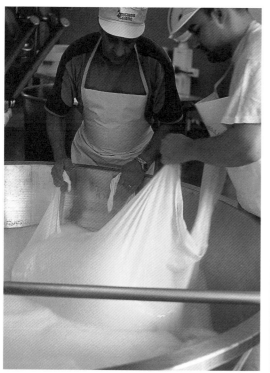

過一次，除了乳香，微帶點酸味，其實稱不上好吃，不過在地小孩很喜歡這種剛做好的帕馬森乳酪，在當地的乳酪店，特別是乳酪廠的直營店經常可以買到。

定型與脫水

包著麻布的乳酪團被放進一種叫做法斯切拉（fascera）的圓形模子裡，用麻繩與木製的卡榫綁緊，開始定形與脫水的過程，乳酪團上會再壓一塊木頭讓乳酪脫水加快，質地更紮實，同時也讓乳酪冷卻的時間減緩。雖然壓了一片木頭，但帕馬森乾酪並不像一般加壓過的乳酪（如Emmental、Cantal、Comté和Gouda等等），因為一塊木頭的壓力不大，而且壓的時間也僅數小時，這是帕馬森和大部分乾酪質感上完全不同的主要原因。

當天下午，壓在乳酪上的木頭以及包在外面的麻布將一併除去，這時模壁和乳酪之間，會加上一片滿布著點狀突起的Parmigiano-Reggiano字樣的模版，上面同時有製造年分、月分以及乳酪廠的編號。標示年分的目的並非乳酪像葡萄酒一樣有年分的差別，而是為了確認熟成的時間，日後如果乳酪出了問題，也可以依乳酪廠的編號查出乳酪的來源，不過標示月分卻能顯示乳酪是用哪一季的牛奶製成，多少會有點差別。法斯切拉模再度鎖緊直到隔天早晨，模版上的字樣直接刻印進乳酪的外皮上，占滿了整個乳酪的側面，成為乳酪的出生證明。經過一天脫水之後，乳酪換到另一個金屬製的模子，這種上、下窄縮，側邊中間略為突起的模子，讓帕馬森乳酪形成它特有的鼓形外觀。這個定型兼風乾的階段要持續2、3天，之間還要經常翻面，讓形狀更均勻。

鹽漬

定型後的乳酪接著放入16到18℃之間的鹽水池浸漬，鹽水的濃度接近飽和，乳酪要泡上20到25天，因為比重的關係，乳酪

乳酪團先放進法斯切拉模子裡，用麻繩與木製的卡榫綁緊，開始定形與脫水的過程。

兩天後，乳酪換到上、下窄縮，側邊中間略微突起的金屬製模子，讓帕馬森乳酪形成它特有的鼓形外觀。

泡鹽最重要的功能，是要讓乳酪的外皮因浸泡高濃度的鹽水而快速脫水，形成堅硬的外殼保護乳酪。

會半漂浮在鹽水上，要經常地翻轉乳酪讓鹽漬的效果更均勻。

　　鹽漬會讓乳酪增加一點鹹味，但是更重要的功能是，要讓乳酪的外皮因浸漬高濃度的鹽水而快速脫水，形成堅硬的外皮，將乳酪包在硬皮裡，在長達數年的熟成期才不會變得太乾硬，可以安全地隨著時間慢慢地熟成，變化出更多迷人的乾果與水果香及產生更多沙沙的、酥酥的脂滑圓潤的奇異口感。

長時間的熟成

　　泡了20到25天的鹽水之後，這些乳酪被搬入通風良好的「cascina」培養室進行培養。乳酪一層層地排在高達二十幾層的木架上，必須定期翻面，而且要用刷子刷去表面的灰塵，然後耐心等候本地特別的溫溼度變化，讓包在硬皮裡的乳酪安靜緩慢地成熟，乳酪的外皮會從原本的鵝黃色開始變深成獅毛色，然後成為金黃。因為油脂的滲透，乳酪的表面也將閃爍著美麗的油光。

　　雖然現在有許多地方已經用人工控溫的方式來培養乳酪，但是季節的變化所造成的溫溼度改變，一樣能讓傳統的乳酪廠培養出美味的帕馬森乾酪。培養室不是位在地下室，因此溫度可隨著室外的氣候改變。在乾熱的夏季，乳酪裡的油脂會因為高溫而滲出乳酪表面，乳酪也跟著快速變乾，味道變得更重。

　　艾米里亞－羅馬涅區的冬季以潮濕多霧聞名。在這樣潮溼的季節裡，帕馬森乾酪會開始培養出帶著鳳梨般的熱帶水果香氣。

檢驗

　　法定產區法規定帕馬森乾酪要培養1年以上才能上市，所以1年之後由公會指派專家到乳酪廠檢驗每個帕馬森乾酪，合格後才能用附帶瓦斯爐火的烙鐵機器，印上標著Parmigiano-Reggiano Consorzio Tutela的橢圓形標誌，意思是「公會保證的帕馬森乾

成排的帕馬森乾酪正在通風良好的cascina裡緩慢熟成，乳酪的表皮逐漸泛出美麗的金黃油光。

酪」。不過一般的乳酪很少會在培養1年後馬上上市，通常至少會再存上半年，等乳酪的味道再成熟一點，沙質的口感再明顯一點。

檢驗的方式很有趣，是用鐵槌敲打乳酪的表面。我在訪問卡斯特諾沃（Castelnuovo）村的Casearia Castelnovese乳酪合作社時，請社長馬志尼（Mazzini Rino）示範敲打的方法。他吃力地搬起一塊40多公斤的乳酪放到一個如高腳木椅的檯子上，那是個已經熟成1年半並且通過公會檢驗的乳酪。社長像在表演打擊樂般，迅速地敲打著乳酪的表面，並且旋轉乳酪直到敲遍每個部分。深沉的敲打聲顯示這將是一塊美味的帕馬森乾酪。

如果乳酪感染細菌，會在乳酪內部產生空洞，由鐵槌敲打時發出的聲音就可以判斷裡面是否有洞，藉此挑出劣質品。如果聲音不對，為了確認，檢驗人員會用探針插入乳酪內，抽出聞一下是否有異味，如果有問題，馬上要在乳酪的輪狀側面劃滿叉叉做為辨識，乳酪廠除了將乳酪丟掉，也可用一般Grana乾酪的名稱廉價賣出。

帕馬森乾酪的等級

1年到1年半之間稱為fresco，乳味較重，沙質感較不明顯，味道和口感都比較普通。

一般上市的帕馬森乾酪都是1年半到2年熟成的vecchio（陳年），溼度較多，口感稍軟一點，是最適合單吃的美味帕馬森乾酪。

如果培養2年到3年稱為stravecchio（特陳），稍乾一點，口感略為乾硬，但香味更濃，比較適合磨成粉加到義大利麵或其他菜餚裡。

矮圓桶狀的帕馬森乾酪依規定高度是18～24公分，直徑35～40公分，重量在24～44公斤之間，體型越大，需要更久的時間來培養熟成。除了一般等級的帕馬森乾酪，乳酪廠也可以生產「Export」或「Extra」等級較高的帕馬森乾酪。乳酪在熟成12個

Extra和Export等級的帕馬森乾酪品質較高，外皮會烙上特別的印記。

特陳的帕馬森乾酪沙質感更加明顯，香味也更加濃厚。

Casearia Castelnovese乳酪合作社社長馬志尼迅速地敲打著乳酪的表面，深沉的敲打聲顯示這將是一塊美味的帕馬森乾酪。

月和18個月後分別進行檢測，都合格才烙上Export或Extra的橢圓形標記。

　　帕馬森乾酪的培養過程常需要2、3年的時間，對許多小廠而言，熟成期間庫存的成本是一筆很沉重的負擔。熟成中還未上市的帕馬森乾酪常常成為貸款的擔保品，當地最大的銀行甚至擁有數十萬個帕馬森乾酪做為借款的擔保。

辨識帕馬森乾酪的方法

　　帕馬森乾酪可以整個、切塊或磨成粉銷售，都有不同的辨識方法。如果是購買整個，乾酪的外表必須要有下列三種標示：

- 檢查合格後，以烙鐵烙上Parmigiano-Reggiano的橢圓形章記（右圖1），一般等級烙印中心會標示Consorzio Tutela（公會保證）以及生產的年分和月分，如果是Export等級，中間則會有Export字樣。
- 乳酪的輪狀外皮上必須模印著數十排的Parmigiano-Reggiano字樣。如果外皮上同時有刻劃出許多X狀的記號（右圖2），代表該乳酪是檢驗不合格的瑕疵品。
- 外皮側面模印有製造的年分（右圖3）、月分、乳酪廠號。

　　切塊的帕馬森乾酪，除了可以由局部的外皮上是否模印著Parmigiano-Reggiano字樣來辨識外，也可由包裝上帕馬森乾酪公會的標籤與Parmigiano-Reggiano Grattugiano字樣辨識。

　　帕馬森乾酪如果磨成粉銷售的話，依規定必須在產區內由少數幾家合格的工廠進行磨粉與包裝，同時產品必須保有25%以上的溼度，包裝也要印上帕馬森乾酪公會的標籤，並標有Parmigiano-Reggiano Grattugiano的字樣。

　　在歐盟以外的國家看到任何標有Parmesan字樣的乳酪最好抱著懷疑的態度，經常都是一般的Grana乾酪，或甚至是工業生產的普通乳酪粉而已。

1 | 2
3

Grana
乾酪家族

Grana是一種乾酪的類型，以牛奶製成，經過煮、輕微的擠壓去水，以及數個月到數年的熟成，吃起來有沙質感。幾乎整個義大利北部的省分都有出產，其中最出名的當然是帕馬森乾酪，此外巴達諾乾酪也相當著名，是義大利重要的乳酪類型。這兩者都屬於DOP法定產區的乳酪，至於僅單獨標示Grana的乾酪則是屬於Grana類型的一般乳酪，在全世界任何地方都可以生產。

巴達諾乾酪

巴達諾谷地其實指的是包括整個波河流域的地區，產區範圍涵蓋了27個省分，幾乎整個義大利北部都包括在內。

巴達諾乾酪指的就是這整個地區所出產的Grana乾酪。巴達諾乾酪屬於歐盟DOP法定產區等級的乳酪，生產的方法必須符合規定，品質也受到管制。

巴達諾乾酪製作的方法和帕馬森乾酪相當類似，但規定比較不嚴格，例如可以添加色素加深顏色，也沒有管制乳牛食用加了抗發酵劑的飼料。因為產區廣闊，巴達諾乾酪的品質相差很大，來自頂尖手工乳酪廠的巴達諾品質可以媲美帕馬森乾酪，但相當少見。巴達諾因為可以工業化製作，生產成本較低，價格便宜，是相當常見的義大利乳酪。

巴達諾乾酪的大小和帕馬森乾酪差不多，熟成的最佳溫度在15～22℃之間，時間通常比較短，依規定必須超過1年，但因為比帕馬森乾酪不耐久放，熟成的時間很少超過2年。在製作時外皮上就會模印六角形，寫有Grana Padano的標誌做為辨識。通過檢驗後還會再烙印上巴達諾乾酪法定產區的標記。

Grana是義大利最重要的乳酪類型，沒有其他國家可以產出能跟義大利相提並論的Grana乳酪。

鐵恩提諾是義大利最北邊的Grana乾酪產區，主要產自阿爾卑斯山的儂谷區。

羅地吉亞諾乾酪

雖然羅地吉亞諾乾酪曾經是巴達諾乾酪的代名詞，但現在卻是最著名也最稀有的，只產自米蘭東南邊羅地市的乳酪學校，非常少見。製法略為不同，採用含脂量比較低的牛乳製作，乳酪的外型較大，熟成的時間甚至可長達6到8年，乳酪內部的顏色深，呈金黃色，甚至帶一點綠色，油脂會積存在乳酪內部的小洞中，當乳酪切開時流滴出來有如淚水，因此被稱為流淚的乳酪。

鐵恩提諾乾酪

鐵恩提諾位在義大利北部與奧地利相鄰，因為自然環境特殊，本地出產的巴達諾乾酪風味也比較特別，因而成立獨特的產區，稱為Grana Trentino或Trentinograna，是義大利最北邊的Grana乾酪產區，主要產自阿爾卑斯山的儂谷區（Val di Non）。生產方式與巴達諾相同，但本區以小型乳酪廠為主，大多手工製作，加上氣候比較涼爽，製成的乾酪口味較為細緻。

品嘗
帕馬森乾酪

帕馬森乾酪的用法非常多，可以變化出難以計數的料理，即使單吃也有許多變化，搭配新鮮的西洋梨、烤西洋梨或紅酒梨是最古典的配法，早在文藝復興時代，Christoforo da Messisbugo 在他的食譜書中提到，西元1543年1月17日在他自宅的私人宴會裡，以葡萄和西洋梨等水果搭配帕馬森乾酪。至今，四百多年來，這樣的搭配在義大利還是大受歡迎。不過，唯一不同的是，在當時帕馬森乾酪是被當成甜點和水果一起吃的。

磨成粉的帕馬森乾酪是義大利餐桌上比鹽和胡椒都來得重要的調味品，不論是義大利麵、餃子、燉飯、湯、沙拉或披薩等等，都不能缺少帕馬森乾酪的調味。帕馬森乾酪更是經常入菜，是義大利菜的重要食材。經常出現在各種沙拉裡，通常是刨成片狀的薄片，搭配野莒或芝麻菜、生火腿、生牛肉等等，而新鮮的白松露片配上帕馬森乾酪薄片是義大利最奢華的前菜。

除此之外，帕馬森乾酪也常混合菠菜或火腿等其他材料成為義式水餃（ravioli及tortellini）的內餡，或者加入佐菜的醬料裡增添味道，而焗烤的義大利料理也是經常灑滿了帕馬森乾酪進烤箱。義大利的九層塔醬Pesto裡也絕對少不了帕馬森乾酪。而吃剩的帕馬森乾酪硬皮，當地的廚師還會特別留下來熬湯，一點都不肯浪費。

獨特的分切法

帕馬森乾酪因為質感特別，在切法上和其他乾酪不同。或者說，不能用切的，而是要用特別的刀子把它打開。

專門用來切帕馬森乾酪的短刀，刀片形狀如杏仁，刀鋒非常尖銳，但刀背卻非常厚，方便用來撐開乳酪。要將一個重達40

旋轉式工具可以將帕馬森乾酪磨成略帶一點長度的帕馬森乾酪屑。

1. 帕馬森乾酪淋上濃縮的傳統巴薩米克醋是艾米里亞－羅馬涅地區很受歡迎的吃法。

2. 在義大利，常會在餐桌上直接將帕馬森乾酪刨到餐盤裡，以免乳酪變乾硬。

3. 帕馬森乾酪配紅酒梨，是義大利相當古典的配法。

	1
3	2

公斤的帕馬森乾酪打開確實要花上一點功夫，需要用到兩支以上的杏仁刀。

首先在帕馬森乾酪堅硬的外皮上用刀子劃出直剖的切線，沿著線下切1、2公分，然後選擇平坦的側面，在切線的兩端分別深深地插入一支杏仁刀。同時輕輕翻轉兩支杏仁刀，撐開乳酪，只要用力均勻，乳酪就可以輕鬆打開，並且露出美麗的、不規則的沙質質感。繼續將乳酪分成4塊、8塊、16塊……當然也可以用切的，但那就無法表現出帕馬森乾酪的特殊質感了。

除了剝切成小塊食用外，帕馬森乾酪也常常刨成薄片加入菜餚，在義大利餐廳裡，侍者常常會拿出一塊帕馬森乾酪，用刨刀直接為顧客刨到餐盤裡。這種鋼製的刨刀有時還可以微調厚度，以刨出厚薄不同的帕馬森乾酪薄片。

磨成粉的帕馬森乾酪是義大利最常見、用途最廣的調味料，為了避免乾掉走味，最好是現磨現用。磨帕馬森乾酪的工具相當多，旋轉式的工具適合稍軟一點的乾酪，可以磨出略帶一點長度的帕馬森乾酪屑，齒狀的磨刀則適合比較乾硬的帕馬森乾酪，可以磨出較細的粉末。

帕馬森乾酪的保存

帕馬森乾酪因為含水分不多，其實已經算是比較耐久放的乳酪，不過一旦切開，帕馬森乾酪就不會再熟成，所以最好盡快食用，如果沒有保護，很容易變乾硬，而且會因為氧化而走味。

最好的保存方法是用包乳酪的油紙或羊皮紙包好，以隔絕光線和空氣，如果要放更久可以再包上錫箔紙和膠膜，然後放進冰箱，4℃是最好的保存環境，不過吃之前要先拿出來回溫。這樣大概可以保存三個星期，如果表面長黴必須先切掉才能食用，冰箱的環境比較乾燥，所以乳酪會越來越乾硬，久放之後雖然硬得咬不動，但還是能拿來磨粉。

1. 專門用來切帕馬森乾酪的杏仁刀，刀鋒尖，但刀背厚，方便用來撐開乳酪。

2. 平型鏟刀可以挖出較寬薄的帕馬森乾酪塊，比較方便食用。

3. 不同的乳酪刀可以切挖出不同形狀的帕馬森乾酪。

1	2
	3

Chapter 7

侯克霍
藍黴乳酪

Roquefort

除了難以取代的獨特香氣，以及極盡圓滑豐潤的華麗口感，侯
克霍藍黴乳酪最神奇的地方在於，除了侯克霍村內的洞穴，其
他地方很難生產出同樣品質的乳酪。這是自然與人，傳統與現
代完滿地結合在一起所孕育出來的珍貴乳酪，像是由美麗粗獷
的廣闊高原上散發出來的美味記憶。

法國
乳酪之王

地窖總管（chef de cave）是製作侯克霍乳酪的靈魂人物，隨著季節和天氣變化操控風洞，讓乳酪在最佳環境裡培養出美麗的藍色黴花。

聖于拉里村的牧羊人羅伯和出生不到一天的小羊。

先生，您要油醋醬（vinaigrette）還是藍色醬（bleu）？

1991年，我第一次到法國的第一餐飯，快餐廳的侍者正以超音速的語調詢問我沙拉要加什麼樣的醬汁。我滿懷好奇心地點了藍色醬。5分鐘之後我開始後悔了，那濃稠如水泥漆的醬汁是白色的，我懷疑是不是我的法文聽力有問題。我戒慎恐懼地輕輕攪拌一下，盤中開始散發出溼地上的青苔氣息，幾片像極了攪碎的綠色香菜的黴菌浮了上來，我沒有要求老闆退錢或吃下那盤沙拉，那是我和藍黴乳酪的第一次接觸。

一個星期之後，住在里昂的朋友皮耶告訴我，那是用藍黴乳酪做成的沙拉醬，正是那些藍綠色的黴菌，讓乳酪變得特別地圓滑脂潤，充滿著香濃的滋味。他幫我在筆記本上寫下了「Roquefort」，法國的乳酪之王，全世界最著名的藍黴乳酪。除了難以取代的獨特香氣，以及極盡圓滑豐潤的華麗口感，侯克霍藍黴乳酪最神奇的地方在於，除了侯克霍村（Roquefort sur Soulzon）內的洞穴，其他地方很難生產出同樣品質的乳酪。

2001年，我總算來到偏處法國中央山地南端的侯克霍村，一探那藏在如軟玉般溫潤的乳酪裡的祕密源頭，帶著朝聖般的心情走進那充滿傳奇、培養藍黴乳酪的洞穴，屬於美味的好奇心總算得到解答。我發現，那是自然與人，傳統與現代完滿地結合在一起後所孕育出來的珍貴乳酪，像是由美麗粗獷的廣闊高原上散發出來的美味記憶。

侯克霍藍黴乳酪的歷史

5,000多年前，侯克霍村所在的石灰岩台地上開始了法國中央山地南部最早的畜牧業和乳酪製造。那時居住在附近的人類，在打獵與採集之外，已經開始進行牛群和羊群的放牧，它們冬

季住在河谷邊的洞穴裡，夏季趕著牛羊來到拉札克（Larzac）台地，離侯克霍村6公里的聖羅姆德塞農（Saint-Rome-de-Cernon）村內，考古學家在一處山洞中，找到了西元前3,500年前製作的陶製乳酪模子，證實了侯克霍地區在5,000多年前的史前時代就已經開始生產乳酪。

關於藍黴乳酪，本地人最愛傳頌的是一則不太具有真實性的傳奇愛情故事，用來說明此種乳酪的起源。一個年輕的牧羊人，一如往常帶著羊群來到侯克霍附近的山洞裡躲避正午的烈陽，他取下裝著麵包與綿羊乳酪的背袋準備吃午餐時，突然洞外閃過一位美麗女子，被這身影所迷惑的牧羊人丟下羊群追隨美人的足跡而去。

拉札克台地上的牧羊石屋，羊群冬季大多留在谷地裡的農場，夏季不擠奶時才會到台地上放牧。

經過日以繼夜跋山涉水地尋覓，牧羊人始終找不到這名女子，於是失望地回到洞穴，卻發現乳酪上長滿了如大理石紋般的藍色黴花，飢餓的牧羊人忍不住吃了一口，發現簡單的乳酪已經變成脂潤香滑的珍味。於是男孩不再牧羊，在山洞口蓋了木屋住下來，村民把乳酪交給他在山洞裡熟成，靠著藍黴的力量培養出美味的乳酪。

西元一世紀時，羅馬作家普林（Caius Olinius Secundus）在他的著作《自然史》（Naturalis Historiae）中提到，在經過一一品嘗各地出產的乳酪之後，他認為羅馬最好的乳酪來自尼母（Nîmes）、洛澤爾（Lozère）和熱沃當（Gévaudant）三個省分，因為就在侯克霍周圍的地區，本地人相信普林所提到的美味乳酪就是產自侯克霍。

西元四世紀時，侯克霍建立了防衛碉堡，法文名Roquefort一字是源自當時拉丁文的古名Rocca Forta（意為「岩石堡壘」）。在歷史上，侯克霍乳酪因為上好的品質而聲名遠播，經常被當作禮品送給國王或教會，最著名的傳說是西元八世紀時，查理曼大帝贈送一只A字型聖禮盒給康克（Conques）修道院；為了答謝大帝，在聖誕節時，修院回送了由兩隻驢子駄運的侯克霍藍黴乳酪。

不過現在發現最早有關侯克霍乳酪的文字記載卻晚了數百

牧羊人文森在牧羊犬的協助下，趕著羊群由谷地穿過樹林小徑上到山頂的牧場。

年，康克修院記載在1070年，每個靈修修士收到2塊侯克霍藍黴乳酪。當時的產量並不高，估計每年僅出產4萬公斤的乳酪，即使到了十五世紀，年產量也只有6萬公斤。當時每一批送入侯克霍洞穴內的乳酪，都必須繳交一個乳酪做為村內的建設之用。雖然有些書上提到侯克霍乳酪貴如金銀，但當年1公斤的侯克霍約等值於120顆雞蛋，應該和今日的價格差不了多少。

侯蝶滋城聖母院中的拉貢勒綿羊石雕。

侯克霍村所出產的獨特乳酪，在十七世紀時就已經受到立法的保護，1666年土魯斯（Toulouse）議會頒布一項判決，所有以侯克霍名稱銷售的乳酪都必須以綿羊奶製作，並且在侯克霍村內的洞穴中培養，否則一律禁止販售。十八世紀是歐洲的啟蒙時期，同時也是侯克霍乳酪的黃金時期，歐洲的美食家們開始對這種口味奇特的乳酪大加讚美：迪德羅（Diderot）在他1782年出版的百科全書上稱侯克霍是全歐第一的乳酪；同時期的美食家布里雅－薩瓦漢（A. Brillat-Savarin）更在他的書上說，沒有侯克霍乳酪的晚餐，就像缺了一隻眼睛的美女，同樣令人遺憾。因為越來越受歡迎，到了十八世紀，侯克霍藍黴乳酪的年產量已經成長到25萬公斤。

法國第一個法定乳酪產區

十九世紀末，冷藏設備以及用錫箔紙包裹乳酪的發明，讓侯克霍乳酪更容易保存，也開始可以外銷到歐洲以外的地區，侯克霍的需求急遽升高，1890年的年產量一舉達到500萬公斤。但也因為市場大好，法國南部各地，甚至包括科西嘉島都開始生產起侯克霍乳酪，使得侯克霍逐漸失去了原產以及品質保證。為了挽救這種有數千年歷史的珍貴乳酪，牧羊人和乳酪公司結合力量，建立生產規範，並在1925年成功地讓侯克霍藍黴乳酪成為法國第一個法定產區乳酪，經由法令的規定、制訂及管制生產過程，以確保乳酪的品質、原產及傳統風味。並由侯克霍藍黴乳酪公會（CGPLBIR）負責品質檢測、技術提供及推廣的工作。

侯克霍的
第一夫人

　　侯克霍乳酪全部採用綿羊奶製成，為了保留乳酪的風味，必須採用全脂，而且未經高溫殺菌的生奶。綿羊奶所含的脂肪和酪蛋白比牛奶多一倍，不過價格卻是三倍，因為母牛全年都可以產乳，而且乳量大，一隻母牛一年的產乳量可達6,000公升，是綿羊的三十倍，相較之下，綿羊奶的生產成本特別的高。

拉貢勒綿羊

拉貢勒綿羊是唯一允許製作侯克霍藍黴乳酪的綿羊品種，被稱為侯克霍的第一夫人。

　　並非所有的綿羊都能生產侯克霍乳酪，依法定產區規定，只有拉貢勒（Lacaune）綿羊的奶才可以製作。這種綿羊品種很能適應本地的地理環境，產奶量大而穩定，並且奶中有特別的香

氣，讓侯克霍乳酪能有獨特的風味。現在，侯克霍村周邊廣闊的法定放牧地區裡，放養了80萬隻拉貢勒母綿羊。每年從11月到隔年7月供應生產侯克霍所需的新鮮綿羊奶，一隻母羊一年可以生產大約200到210公升的奶，大約可以製成40公斤的藍黴乳酪。

其實拉貢勒並非本地原生種綿羊，而是經過一個多世紀的選種與改良而成的優秀品種。十九世紀中，諾華伯爵（Comte de Naurois）在侯克霍村西南邊50公里的拉貢勒山區（Montagne de Lacaune）進行配種，以本地的Lacaune種母羊和來自英國的Southdown種公羊交配，產下一種乳汁又多又好的新品種，命名為拉貢勒種。那時在侯克霍藍黴乳酪的羊奶產區還有Camarès、des Causses、de Rodez、du Ségala及du Larzac等多種綿羊，但是在拉貢勒品種不斷地經過選種改良，品質越來越好的情況下，逐漸地被取代，最後拉貢勒更成為侯克霍藍黴乳酪的第一夫人，唯一採用的綿羊品種。

拉貢勒綿羊特別適合本地的自然環境，頭細窄而長，不長角，中額略為突起，耳朵長，垂直打橫。羊蹄窄小，能輕易地在多石的台地上行走。雖然拉貢勒的乳量驚人，但羊毛不多，不過牧羊人每年5、6月時還是會替綿羊進行剪毛，只是毛量少，產值不高。

台地上的傳統拉夢池是以石塊砌成的半人工水池，在乾燥的台地上提供羊群必須的水源。

石灰高原台地上的牧場

法國的中央山地主要由堅硬的火成岩地形所構成，但是在高原的東南部地區卻有一片廣闊的地帶滿覆著沉積岩，以黏土和泥灰質構成的底盤上覆蓋著厚達數百公尺、以石灰岩層為主的硬磐，間雜著白雲石和泥灰質。因為造山運動以及河流的沖刷作用，高原逐漸變成數個海拔高度介於700至1200之間的石灰岩台地。

雖然台地的邊緣常有斷崖，但台地上卻是平緩的矮丘，不過因為多石的土地乾燥貧瘠，又常有強風吹襲，加上冬季嚴寒、

侯克霍羊奶產區圖

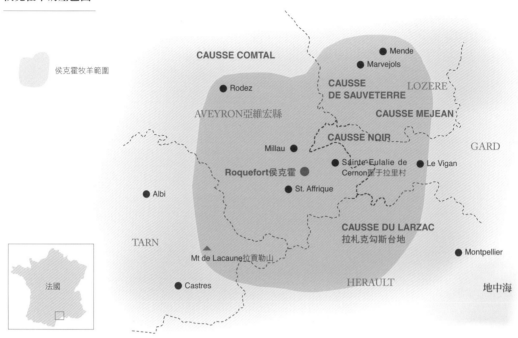

侯克霍牧羊範圍

CAUSSE COMTAL

● Mende

● Marvejols

CAUSSE
DE SAUVETERRE

LOZERE

● Rodez

AVEYRON亞維宏縣

CAUSSE MEJEAN

CAUSSE NOIR

GARD

Millau ●

Roquefort侯克霍 ●

● Sainte Eulalie de
Cernon聖于拉里村

● Le Vigan

● Albi

● St. Affrique

CAUSSE DU LARZAC
拉札克勾斯台地

法國

TARN

▲
Mt de Lacaune拉貢勒山

● Montpellier

● Castres

HERAULT

地中海

夏季酷熱、秋季又常有暴雨，使得台地上的土地大多不適合農作，大部分的村落都位在狹窄肥沃的谷地，台地上的景觀顯得特別荒涼，而牧羊也幾乎成了台地上唯一的產業。

這樣的地形稱為勾斯（Causse），是中央山地鄰近地中海地區特有的地理景觀，如此粗獷荒僻的土地，卻孕育出像侯克霍這種極盡豐滿華美的乳酪。

侯克霍藍黴乳酪所採用的羊奶，一開始來自於村子附近以及鄰近的拉扎克勾斯台地（Causse Larzac）上的牧羊人家，但隨著侯克霍藍黴乳酪越來越著名，產量增加，對羊奶的需求跟著增加，供應所需羊奶的區域也擴大到更遠的Sauveterre、Méjean、Noir和Blandas等勾斯台地上。這個傳統的產羊奶區域稱為侯克霍牧羊範圍（Rayon de Roquefort），以侯克霍村所在的亞維宏縣（Aveyron）為主，往東西各橫跨到大半的洛澤爾和坦恩（Tarn）兩縣，嘉爾（Gard）、埃羅（Hérault）和歐德（Aude）三縣僅有北部一小部分含括在內。依據侯克霍乳酪AOP法的規定，只有產自這個區域的綿羊奶才能用來製造侯克霍藍黴乳酪。

乾燥的勾斯台地上雖然夏秋之交常有暴雨，但石灰硬磐上卻很難保留水分，在漫長的乾季裡，羊群的飲水就得靠本地傳統的拉夢池（lavogne）來儲水。這種半人工的雨水池是牧羊人利用台地上的自然凹陷，以石塊砌成，讓羊群在乾季時也有水可喝。現在，冬季時，羊群大多留在河谷裡的農場，夏季不用擠奶製乳酪時才會到台地上放牧。

拉扎克勾斯台地。

高原台地上的
牧羊人

　　羅伯（Robert Glandières）是新一代的牧羊人，他和他的家人住在侯克霍村東北方20公里，塞農河谷（Cernon）裡的聖于拉里（Sainte Eulalie de Cernon）村。羅伯的農場位在村外的孤詭伊山（Pic de Cougouille）下，一共飼養了500隻的拉貢勒綿羊。不同於牛奶的生產全年都有，綿羊奶到6、7月就停產了，那是母羊受孕的季節，一直要等到11、12月生完小羊後，才會再重新開始生產羊奶。在冬天的產季裡，羊群回到谷地裡過冬，吃囤積的乾草，等春天到來時，再上山享受新鮮的草地。

　　透過受孕期的控制，產羊奶的季節可以延長到8月。羅伯的牧場裡還養著3隻條件不錯的種羊，不過在傳宗接代這個重責大任

春季的早晨，擠完羊奶後，牧羊人羅伯將500隻羊群趕到台地上的草地放養，享用新鮮的牧草。

上，牠們只擔任後補的工作，為了保證品種的純度和優異性，大部分的母羊都採用人工授精，由育種單位提供最優質的種公精液，沒有順利懷孕的母羊才由羅伯的3隻種公進行自然交配。羅伯的500隻母羊分梯次進行授孕，到了冬季才能分批生產，試想如果500隻母羊在同一周生產，牧羊人肯定是照顧不來的，也因此，晚授精的母羊，讓產季可以延後到8月。

羅伯一早4點多就上工了，在早上6點擠奶之前，他得先照顧前一夜剛出生的小羊，一個500隻的羊群，旺季時每天會有10來隻的小羊出生，待產的母羊集中在一起，才剛出生的小羊約4公斤重，已經在乾草堆上跑來跑去，牠們會和母親留在一起4個星期，這時母羊每天只擠奶一次，以保留奶水餵哺小羊。一個月之後小羊就要統一圈養，餵食特別調製的飼料。羅伯的農場只產羊奶，所以小羊中只有母的會被留在農場，小公羊大約1個月大時就會賣給專門生產羊肉的農場。

為保證品種純度，母羊都採用人工授精，由育種單位提供最優質的種公精液。

早上的擠奶從6點鐘開始，500隻羊在8點鐘乳罐車到來之前要全部完成擠奶。農場裡除了羅伯夫婦外，就只有另一個年輕的合夥人文森，農場裡的大小事全由三個人分擔。雖然現在已經採用機器擠奶，但要安排綿羊一次25隻輪流前來擠奶絕對不是一件簡單的事。1929到1932年之間，最大的侯克霍藍黴乳酪公司Société des Caves的福樂利先生（Robert Fleuri）發明了自動擠羊奶的機器，二次大戰之後侯克霍地區就全面使用機器取代人工擠奶，這種圈型的機器可以同時容納25隻綿羊擠奶，一台機器每小時可以擠完300隻，過去，一個熟練的牧羊人每小時只能擠25隻羊的奶。

早上擠的羊奶馬上保存在冷藏櫃中，乳酪場的乳罐車會在8點多時連同昨晚擠的羊奶一起載走。製作侯克霍藍黴乳酪的羊奶都必須經過許多的檢驗以確定品質，僅有優質奶可以製作侯克霍乳酪，其餘不合格的羊奶將做成費塔乳酪（Feta）或奶粉。乳酪廠會依據羊奶的品質付不同的價錢給農場。羅伯家所產的羊奶全部交給Société des Caves公司，現在有一千多家生產侯克霍乳酪專用羊奶的牧場與這家年產1,300萬公斤侯克霍藍黴乳酪的巨

才剛出生的小羊約4公斤重，已經在乾草堆上跑來跑去，牠們會和母親留在一起4個星期，這時母羊每天只擠奶一次，以保留奶水餵哺小羊。

自從三〇年代福樂利先生發明自動擠羊奶的機器後，侯克霍地區就逐漸改用機器取代人工擠奶。

型公司合作。

　　過去乳酪都是由牧羊人或村裡的小廠製作，1930年時在侯克霍地區還有八百家乳酪廠，但因為衛生的要求越來越高，同時為了提高經濟效益，乳酪廠變得越來越集中，現在侯克霍藍黴乳酪的產量雖然增加，但乳酪廠只剩八家。

　　冬季擠完奶後，綿羊開始享受乾草與大麥大餐。如果是在春、夏季，羊群就要到附近山上放牧吃草。從3、4月開始，天氣好一點的日子羅伯才趕羊上山，羅伯在附近的山坡上有好幾塊圍有柵欄的廣闊草地，不過得等他先吃完早餐，內容是幾塊塗上乳白色綿羊奶油和自製櫻桃果醬的麵包及一大杯咖啡，吃完後大約8點半左右。

　　因為早起，羅伯的午睡特別的甜蜜也特別的長。可以睡到下午4點多再上山帶回羊群。兩隻顏色黑白相間的牧羊犬一前一後，隨時注意著脫隊的綿羊，通常羊群領隊的是一隻最具威望的母羊，羅伯在牠的脖子綁了一個鈴鐺，以便指引羊群方向。大約5點之後回到農場，又要開始第二次的擠奶。養羊的工作是全年無休的，因為只要是產季，每天都必須擠兩次羊奶，只有過了7月之後才稍有喘息的機會。

　　現在，在這有數千年乳酪傳統的壯闊高原上，還有二千多家像羅伯這樣的牧場，為製造侯克霍乳酪所需的羊奶而努力。

從綿羊奶
到乳酪

侯克霍藍黴乳酪的產區內現在只剩下八家乳酪廠，其中有三家屬於Sociét é des Caves公司，產量第三的Gabriel Coulet公司也有兩家，前往侯克霍之前我打了一通電話給該公司的技術總監艾倫・高提耶（Alain Galtier）先生，表明想參觀製作侯克霍乳酪的過程。他似乎不太能理解為何不是要參觀古老的洞穴，而是現代化的乳酪廠，不過還是答應了我的請求，讓我參觀位在侯蝶滋城（Rodez）的乳酪工廠。現在侯克霍乳酪製作的流程已經相當工業化，但是製作的方法和十九世紀時並沒有太大的差別，只是更精確、產量更大、更機械化、更有效率，品質的控制也更好。

侯克霍乳酪的製作

產區出產的羊奶只有一半左右可以用來生產侯克霍乳酪，其他品質差一點的只能用來製作其他乳酪或乳製品，侯克霍必須用未殺菌的生乳製作，所以羊奶的衛生條件必須嚴格控管。另外侯克霍藍黴乳酪採用的是全脂羊奶，不像大部分的乳酪先取出一部分的鮮奶油以製作奶油。

・加入添加物

檢驗合格的羊奶首先放入4,000公升裝的不鏽鋼奶槽中加熱到32℃，然後將溫度維持在23～34℃之間，接著加入Penicillium roqueforti青黴菌粉，再加入乳凝素（présure），依據AOP法的規定只能採用動物性的乳凝素，這種具有轉化羊奶成容易吸收的型態，並使奶中的蛋白質凝固的酶，通常是取自小牛或小羊的第四個胃（皺胃），是大部分乳酪製作時不可缺的原料，在Gabriel Coulet採用的是透明液態的小牛乳凝素。接著再加入乳酸

乳凝塊攪拌越久質地越堅硬。

富有彈性的乳凝塊入模後，在乳凝塊間形成許多空隙，方便黴菌生長。

菌，目的是增加奶的酸味，而且發酵產生的二氧化碳可以在乳酪內部營造空隙，讓青黴菌更容易滋長。

· 凝結

　　大約等待2小時之後，羊奶就會凝結成像豆花般的乳凝塊，這時要開始切割。用細金屬線，將整個鋼槽的柔軟乳酪切割成數以萬計1吋到0.5吋立方的方塊。靜置20分鐘後，開始進行攪拌，不鏽鋼製成的扇葉自動緩慢地攪動著整缸白色的乳酪塊，乳酪和乳黃色的乳清開始分離開來，攪得越久，乳酪因為水分減少會變得更堅硬結實，而堅硬有彈性的乳酪塊入模後，在乳酪內部會留下許多的空隙，為未來青黴菌預留了生長的空間。

· 撈取

　　經過攪拌，確定乳酪夠硬了之後，就把乳酪撈起，這時候便在乳酪塊上撒青黴菌粉。我查閱過十九世紀時的製法，應該是

在乳酪入模前才灑上青黴菌，不過Gabriel Coulet和La Société都採用先加的方式，應該是他們認為在這時撒上青黴菌，可以有較多的藍黴並讓黴菌分布得更均勻。

·定型與脫水

乳酪塊隨即裝入直徑約25公分，有細洞的白色圓形桶狀模子裡，這種模子最早是陶製，後來改為鋁製，現在則全都採用塑膠製。在室溫下（大約16到20℃之間）新鮮乳酪連同模子放在可以垂直轉動的架子上，進行滴水與定型的過程，乳酪工人每天翻轉架子4、5次，方便乳酪滴水，大約2到3天就可以完成。

·鹽漬

滴水之後乳酪已經成形，去模後，每一塊乳酪還必須壓印號碼以確認製作日期和羊奶來源，然後放進10℃的冷房中抹鹽，乳酪工人用力地在有凹洞的乳酪表面抹上粗鹽，放置3天後再抹一次，翻面再放置2天才完成整個製作過程，這時就可以運往侯克霍村的洞穴中進行窖藏培養了。

·洞穴培養

侯克霍山洞裡的黴菌是侯克霍藍黴乳酪最神奇的一部分。乳酪的熟成經常需要依靠各種細菌和微生物的幫忙，藍黴乳酪的美味則是需要藉助黴菌的幫忙。不過，大部分的黴菌都會讓乳酪變壞而無法食用，但在侯克霍洞穴中生長的特殊黴菌卻可以神奇地讓原本堅硬的綿羊乳酪成為圓潤脂滑的法國乳酪之王。

這種神奇的黴菌屬於青黴菌屬的Penicillium roqueforti，顏色呈藍綠色，在顯微鏡下有如一束束的水彩筆，喜好潮濕涼爽的環境，侯克霍洞穴裡的溫濕條件特別適合這種黴菌生長。每個洞穴內的Penicillium roqueforti也會有些差異，讓培養出來的藍黴乳酪味道有所差別。剛製作完成的侯克霍乳酪質感非常硬，重約2.9公斤，除了乳味和鹹味，沒什麼太多的味道，需要用12公斤的羊奶才能製成一個。

每天要翻轉放置乳酪的架子4到5次，方便乳酪滴水。

剛製成還沒經過窖藏的侯克霍乳酪，除了乳味，沒什麼太多的味道，而且質地非常硬。

抹鹽必須非常用力，讓乳酪表面的空隙裡沾滿鹽巴。

・麵包裡的藍色黴菌

雖然乳酪放在侯克霍的洞中就會自己長出藍黴，但是需要很長的時間才能長到乳酪的中心，而且常常長得不均衡，品質也不穩定，所以乳酪廠便在侯克霍的山洞裡放進麵包，讓麵包內長滿黴菌，幾個月後將麵包磨成粉烘乾保存。黴菌的孢子在乾燥的環境下還是可以存活，在製作乳酪的時候便加入牛奶或乳凝塊裡，孢子遇到水分開始發芽長出菌絲，成長後再長出孢子繁衍，只要環境適合，很快的乳酪都能順利長出藍黴。

Penicillium roqueforti可以讓原本堅硬沒有味道的綿羊乳酪，變成香味濃郁口感脂滑圓潤的美味乳酪，不過藍黴成長的速度也不能太快，否則會出現濃重的臭味，乳酪的鹹度及地洞內的低溫都可以抑制藍黴快速的成長。

用麵包製作青黴粉，每一家侯克霍乳酪廠的祕方都不相同。Le Papillon自己有一個麵包烤爐，每年只在9月分製作一回。和一般的麵包不同，烤時溫度比較低，以保留麵包的濕度，一次要烤300個直徑約50公分、重達6公斤，外型有如石頭般的圓形黑麥麵包。

這些麵包先放置在洞穴中60到80天長黴菌，然後再將麵包對切，挖出裡面長滿Penicillium roqueforti青黴菌的麵包，在37℃的溫度下風乾一週，磨成粉，過篩後完成，可以放入冷藏室保存，所得的黴菌粉就足以提供1年的需要。因為每公克的粉就包含250億個孢子，可以用來製作2個2.7公斤的侯克霍藍黴乳酪。

Société des Caves的方法則是將麵團放入玻璃瓶中，直接烤成白麵包，因為是裝在玻璃瓶內，麵包沒有硬皮，更容易長黴菌，也更容易磨成粉。不過，Société現在已經不再製作麵包，而是直接由實驗室培養，製作成液態的青黴菌液體，更方便使用。

Penicillium roqueforti雖然和具有強力殺菌效果的Penicillin（盤尼西林）寫法類似，但卻是不同的菌種，盤尼西林萃取自Penicillium notatum，和製造藍黴乳酪的青黴菌在特性上有很大的差別。

長在乳酪空隙的Penicillium roqueforti黴菌。

Le Papillon為了培養藍黴，特別烤製的黑麥麵包，直徑50公分，重達6公斤。

Societe乳酪廠將麵團放入玻璃瓶中烤成麵包以培養藍黴。

洞穴裡的
魔法

　　當剛製作完成的綿羊乳酪運到侯克霍村內的洞穴時，真正神奇的階段才正要開始，AOP法規定熟成至少要3個月，但通常侯克霍藍黴乳酪會在洞穴裡熟成4到9個月的時間。在這段期間，侯克霍乳酪將完全脫胎換骨。

神奇的洞穴地窖熟成

　　雖然一般的觀光客就可以到侯克霍村的地窖參觀，但是為了想要更深入認識侯克霍藍黴乳酪熟成的關鍵與精髓，我特地拜訪Société des Caves公司蜂蜜地窖（Cave Abeille）的地窖總管。該公司有14個不同的地窖，每個都由一位地窖總管負責管理，依季節和每個地窖的不同特性，決定風洞的開關、每批乳酪熟成的時間，並負責品質的檢定。

在進入地窖前，乳酪要先穿孔，讓地窖中的空氣可以直入侯克霍乳酪的中心。

・穿孔透氣

　　我們繞過這些如迷宮般的洞穴，在樓梯間爬上爬下才來到一個存放新鮮乳酪的房間，這些剛運到的新鮮羊乳酪正在進行穿孔。在放入地窖前，每塊乳酪都要先穿洞，用32支鋼針刺穿乳酪，留下32個細小的針孔，目的是要讓乳酪的內部也像侯克霍的地窖一樣透氣，這樣即使是位在乳酪的核心也能得到透過風洞所吹進來的空氣，讓需要氧氣的Penicillium roqueforti青黴菌更容易滋長。

・熟成

　　接著往下爬了三層，成排的橡木架上正放著熟成中的侯克霍乳酪。橡木在經年吸收了乳酪上的鹽分後都變得非常堅硬，也具有保濕功能。這時我才了解，侯克霍藍黴乳酪常有的黃褐

色斑紋，原來是橡木的丹寧被乳酪吸收，氧化後顏色變深的緣故。

·溫度調節

地窖內的溫度約10℃，地窖總管特別解釋，每一個側面橫立的乳酪之間都必須保持1公分以上的距離，讓空氣可以流通，也方便溫度控制。例如Penicillium roqueforti青黴菌的成長會產生熱，數千個乳酪同時產生熱能會讓地窖裡的溫度升高，所以地窖總管必須隨時透過開或關風洞來調整溫度，以免溫度過高影響青黴菌的生長。青綠色的黴菌開始自鹹味較低的乳酪中心的縫隙滋長，而乳酪外圍的鹽分也開始往中間擴散，控制藍黴擴張的速度。

·檢測

如果沒有意外，1個月後鹽分和藍黴就已經分布乳酪的各個角落。通常乳酪的外側因為鹽分比較重，並不會長黴，為了瞭解內部藍黴成長的情況，地窖總管會用一支金屬製的探匙插入乳酪內，檢測藍黴生長的狀況，決定是否再繼續熟成。

·低溫保存

藍黴長得過多，乳酪的味道會變得越來越重，所以一旦地窖總管判定成熟後，就要讓乳酪進入休眠期，以更緩慢的速度熟成。整塊乳酪將由女工們以錫箔緊密地包起來以隔絕空氣，接著侯克霍藍黴乳酪將放入溫度較低，或甚至有冷藏設備的地窖內，藍黴也因此減緩甚至停止生長，在這段期間，黴菌雖然已經停止蔓延，但還是會繼續將乳酪轉化得更圓潤柔滑，經過數週到數月的低溫保存，侯克霍藍黴乳酪會再放到原本的地窖，經1到3週的最後熟成就可上市了。

·上市

因為綿羊奶的生產有季節性，所以在沒有冷藏設備的年代，

1	
2	4
3	

1. 在Papillon公司的地窖中，乳酪直接放在橡木上，彼此之間保留一點空隙，讓空氣可以在乳酪間穿梭。

2. 經過熟成的乳酪，表皮已經有藍黴生長。

3. 地窖總管經常用一支探匙檢驗乳酪內部藍黴的生長情況。

4. 等到藍黴夠多了，整塊乳酪要用錫箔包起來隔絕空氣，並且放入溫度較低的地窖，讓乳酪進入冬眠期。

當7月生產的侯克霍藍黴乳酪在年底前全部上市後，必須等到12月才有新鮮羊奶可用，等到熟成上市最快也要到3月，所以1年之內會有幾個月的時間吃不到侯克霍藍黴乳酪，採用錫箔和冷藏之後，延長了休眠時間，讓四季都可以吃到侯克霍。

侯克霍的獨特洞穴

侯克霍是一個僅有800人的小村，位居貢巴魯山（Combalou）北側的陡峭斷崖上，一個完全因為乳酪而存在的村子，所有侯克霍藍黴乳酪的廠家全都擠在這地勢狹迫的小村內。全村最精華所在，其實都在深入貢巴魯山底下的洞穴裡，所有的侯克霍乳酪都必須要在村子裡的地洞裡培養。

在還沒有拜訪侯克霍村之前，許多人總會懷疑，為何只有侯克霍村可以生產侯克霍藍黴乳酪，但在參觀過村內專門培養乳酪的地下洞穴之後，大部分的人都會相信，侯克霍村確實擁有別處無法模仿的自然條件。那是一種通風特別好，但又非常潮濕，溫度穩定且涼爽的半人工洞穴。

在2億年前中生代的侏羅紀中期，石灰岩構成的貢巴魯台地因為地層錯動而斷裂，形成一個2公里長，深300公尺的斷崖，崩落的岩塊在北邊堆起了一個寬達300多公尺的邊坡，岩塊間構成了許多洞穴和縫隙。6,000萬年前阿爾卑斯造山運動造成板塊間的推擠，貢巴魯山也受到影響，在原本已經是由崩岩構成的貢巴魯山北坡，營造更多的洞穴和岩石間縫隙，再加上千萬年來風和雨水的侵蝕作用，讓侯克霍成為非常脆弱且不穩定的地質區。

在侯克霍的天然石灰岩洞穴裡，洞壁上有許多縫隙和小洞口，和岩洞各方的岩石間隙相連結，直通到貢巴魯山外的出口。這是侯克霍洞穴裡通風效果特別好的主要原因，本地人把這些自然的岩石縫隙稱為「芙洛林風洞」（fleurine），功能有如洞穴中的天然煙囪，隨著季節和氣候的變化，因氣壓與溫度的不同，無論是冬季或夏季，讓風由上往下或由下往上吹進洞

每一個侯克霍的地窖中都有許多大小不等的風洞，這些幽曲的風洞都直接通連到貢巴魯山。

自十七世紀起，為了因應市場需求，侯克霍開始興建多層的半人工洞穴以擴充產能，這些地窖經常深入地下以石柱和圓拱支撐，牆壁保留所有自然的風洞以調節地窖內的溫溼度。

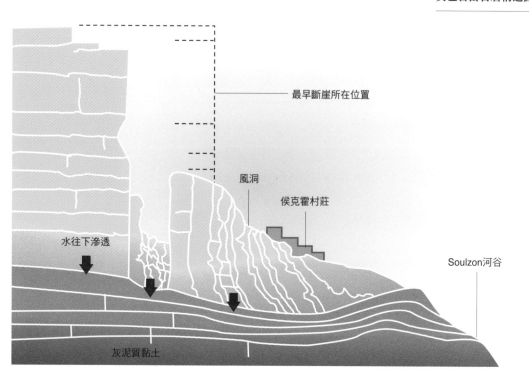

最早斷崖所在位置

風洞

侯克霍村莊

水往下滲透

Soulzon河谷

灰泥質黏土

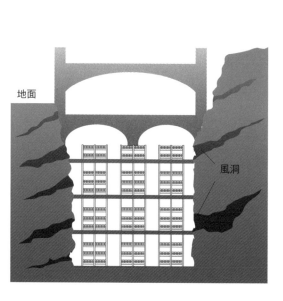

地面

風洞

穴中。據統計，侯克霍地區洞穴裡的空氣流量每天高達120萬立方公尺。

侯克霍所處的勾斯石灰岩高原區介於溫帶海洋性氣候、地中海型氣候及大陸性氣候的交界地帶。年雨量比地中海岸高，達1,000至1,200公釐之間，但是雨量的分布非常不均勻，有相當長的乾季。由於貢巴魯山的石灰岩層底下由不透水的泥灰質與黏土構成，當侯克霍充滿縫隙的岩石坡如同一塊海綿在秋天雨季吸滿水時，雨水被保留在黏土層上，讓地下洞穴即使通風非常好，也可以長年保持95%以上的濕潤。提供Penicillium roqueforti青黴菌非常理想的生長環境。

侯克霍的乳酪原本僅在天然的洞穴，或經過簡單整建的地洞中培養，但自十七世紀起，為了因應市場需求，開始興建多層的半人工洞穴以擴充產能，這些以石塊砌成的地窖經常深入地下4、5層，最深的甚至達11層之多，以石柱和圓拱支撐，露出地面的只有1、2層，大多做為辦公或工人居住的地方。地窖內的牆壁通常沒有築牆，保留原本自然的芙洛林風洞，讓人工的洞穴也能有自然洞穴的條件。不同的是，有些風洞口被設計成可以開關的窗戶，讓負責培養乳酪的地窖總管可以藉由風洞的開關，更精確地調節地窖裡的溫度、濕度和通風效果，使得乳酪在不同的成熟階段，都能有最好的環境，讓Penicillium roqueforti生長得更好。人工的洞穴加上天然的風洞，創造出最自然，也最有效的空調。

貢巴魯山下的侯克霍村，一個完全因乳酪而存在的800人小村，村子底下的洞穴，每年生產1,000多萬公斤的傳奇乳酪。

侯克霍
乳酪名廠

　　由於生產越來越集中，現在大約只有十家的乳酪廠生產侯克霍藍黴乳酪，其中最著名的是以下四家。

・La Société

　　1842年，由幾家主要的侯克霍乳酪公司合併而成的超大型公司，當時曾經獨佔所有侯克霍乳酪的生產，廠名Société是公司的意思，因為當時是村內唯一的一家公司，所以取了這樣的名稱。在村內獨自擁有14座條件極佳的地窖，現在產量獨佔75%以上的侯克霍市場，年產上千萬公斤的侯克霍藍黴乳酪，以及其他的綿羊乳酪，是法國綿羊奶乳酪的第一大廠，有傳統型乳酪廠少見的驚人規模，1992年被Lactalis乳業集團所併購，除了以

La Société公司每年出產500萬個侯克霍藍黴乳酪，幾乎佔了75%的市場，但因為有法定產區的嚴格規定，即使產量很大，仍能保有傳統的風味和品質。

經典的橢圓形綠標的牌子銷售，也有一部分出產的侯克霍乳酪是用同集團的奶油大廠President的商標銷售。

雖然是一家相當工業化的大廠，但在AOP法律的規範下，La Société的綠標1863仍然保存了傳統的製法與風味，特別的是除了一般的產品，也推出三種單一地窖的乳酪，其中以巴哈紐得地窖（Caves Baragnaudes）最為出名，在同名的地窖內經8個月熟成，以細緻的風格見長，鹹味也比較低，口感特別甜美圓潤，咬感有若熟透的西洋梨，非常特別。另外聖堂武士地窖（Cave des Templiers）則是味道最重的一款，鹹味較重、藍黴味道特別強，滋味十足，但不習慣吃綿羊乳酪的人最好不要輕易嘗試。蜜蜂地窖（Cave Abeille）是La Société公司的模範地窖，每年有17萬名訪客到此地窖參觀，產自蜜蜂地窖的侯克霍風格沒有前兩者強烈，以均衡與中庸取勝。

La Société推出產自巴哈紐得地窖的侯克霍乳酪，吃起來質感有如甜熟的西洋梨般迷人，是我最喜愛的侯克霍。

· Gabriel Coulet

由於Société公司在十九世紀時幾乎擁有了全村的地窖，也讓其他新廠很難設立。1872年，世居侯克霍村，原本不自己生產乳酪的Coulet家族在自家的地下室挖到一個風洞，而開始侯克霍產業，現已是第三大廠，也為其他乳酪廠代工，特別是法國超市自有品牌的侯克霍乳酪，自家廠牌以La Petite Cave最常見，是小清新風格的侯克霍乳酪，但最特別的是Castelviel，延長窖藏，味道更濃更膏滑。

Gabriel Coulet在侯克霍是排名第三的大廠，除了自家最知名的Causse Noir之外，生產的侯克霍也經常貼上其他知名的食品品牌銷售。

· Papillon

創立於1906年的Papillon以蝴蝶為名，商標也是一隻展翅的蝴蝶。因為是在一家獨大的環境裡創建，而且產量也較小，所以在大部分法國人的心目中，蝴蝶牌一直是高品質侯克霍藍黴乳酪的代表，也是目前唯一可以和La Société競爭的侯克霍乳酪廠。和其他廠牌比起來，Papillon的藍黴通常較多，味道也比較重。

Papillon現在有五種不同的侯克霍乳酪，量產的有四種，都是

在許多法國人心目中，Papillon黑色包裝是最高等級的侯克霍藍黴乳酪。

以顏色區分：紅色錫箔包裝是基本款，白色錫箔紙包裝是用有機羊奶製成，至於黑色錫箔紙包裝則是精選等級，有更多的藍黴，而且乳酪的顏色有如大理石紋般溫潤美麗。另外有較晚近推出的綠色錫箔包裝，味道較清新細緻，也多帶一點奶香，非常可口；另外年底聖誕節前也推出鐵盒裝Premium精選侯克霍藍黴乳酪，只取中心部分，經9個月窖藏，只在每年的12月銷售。

· Le Vieux Berger

目前唯一一家純手工製造的侯克霍乳酪廠，1923年創立，產量非常小，只有在村內及鄰近的餐廳才能吃到。

這四家主要的侯克霍藍黴乳酪廠全都位在迷你的侯克霍村內，現在四家廠都開放參觀，也提供品嘗和販售。最大的兩家La Société和Papillon，甚至有由專人導覽參觀地窖與生產過程的完整行程，當然，也都包括不同乳酪的品嘗，前者甚至設有餐廳供應地方傳統菜，非常值得一訪。

Papillon公司以第一批新羊奶製成的侯克霍「新乳酪」（Roquefort Primeur）只在每年4月推出。

Papillon只在聖誕節推出的限量精選侯克霍藍黴乳酪。

完全手工的侯克霍藍黴乳酪廠現在只剩下Le Vieux Berger一家。

歐洲其他著名
藍黴乳酪

　　藍黴乳酪在歐洲許多地區也有生產，風格也有差別，僅列出最著名的幾款，只是名氣與品質都不及侯克霍乳酪。

· Bleu d'Auvergne

　　法國中央山地出產的牛奶藍黴乳酪，使用的菌種是Penicillium glaucum，質感較黏密，縫隙沒有侯克霍明顯，藍黴分布得更均勻。

· Bleu des Causses

　　這是一款牛奶版的侯克霍乳酪，外型和製法都非常相像，也同樣採用Penicillium roqueforti青黴菌，但因為以牛奶製成，味道比較柔和，口感比Bleu d'Auvergne來得細緻圓滑，鹹味也較低。

· Fourme d'Ambert

　　法國中央山地，以牛奶製成的藍黴乳酪，原產自Ambert地區，經1到2個月窖藏熟成，外型為高筒狀，皮較乾硬，但口感相當柔和可口。

· Gorgonzola

　　原產自義大利米蘭北邊，阿爾卑斯山腳下的同名小鎮，是全義大利最著名的藍黴乳酪，有千年以上的歷史，現在產區遍布義大利西北的倫巴底（Lobardy）和皮蒙（Piemonte）區。採用加熱滅菌後的牛奶製成。傳統採用夏末的牛奶製作，含脂量非常高，達48%以上。乳酪的製作分早上和傍晚兩次，由早上的乳酪將前晚做的乳酪包在中間而成。熟成前以鋼針刺洞，讓Penicillium glaucum青黴菌能夠順利生長，窖藏時間約2到3個月，上市前外包錫箔紙。乳酪中沒有太多的縫隙，藍黴分布的面積較少，因為含脂量特別高，一般味道柔和，非常圓潤可口。但也有Gorgonzola piccante長有較多的藍黴，味道非常濃重。

· Cabrales

　　產自西班牙北部阿斯圖里亞斯（Asturias）山區，依季節不同，會混合牛、山羊與綿羊三種奶製成，夏季時羊奶停產，通常只用牛奶，味道比較普通，乳酪在當地的自然洞穴中熟成。傳統的Cabrales外包楓樹葉和栗樹葉，但現在大多以錫箔紙取代。Cabrales藍黴乳酪的風格粗獷，味道相當濃重。

品嘗侯克霍
藍黴乳酪

1

2

一塊完整的侯克霍藍黴乳酪重約2.7公斤，出廠時全都包著厚厚的錫箔紙，一般很少有人買整塊回家，乳酪店也都是賣垂直切半的包裝，然後再分切，一般人通常買8分之1 或16分之1的切片，主要廠牌也有推出不同切割的包裝。侯克霍藍黴乳酪是屬於AOP法定產區的產品，所以，除了是在乳酪店裡現切外，無論什麼樣的包裝，都可以在外包裝上看到一隻紅色拉貢勒綿羊的橢圓形標誌（圖1），或寫有紅字的Roquefort Appellation d'Origine Protégée的圓形標章（圖2）。一塊好的侯克霍藍黴乳酪，藍黴分布均衡，柔軟易切，不容易碎掉，也沒有太重的鹹味。

保存侯克霍藍黴乳酪最好的方法是包在原封的錫箔紙內，並放在冰箱底層的蔬果匣裡，可以保存3到4個星期不壞，放入冰箱的侯克霍乳酪經常會生水，但不影響品質。在吃之前的1到半小時拿出來回溫，和紅葡萄酒一樣，16～19℃是最理想的品嘗溫度。

侯克霍藍黴乳酪的精華其實是在中心部分，外圈比較鹹，藍黴也比較少，一片16分之1的藍黴乳酪在切的時候，最好由中心以放射狀的方式分切，讓每一塊乳酪都包含中心以及旁邊的部分（圖3）。

3

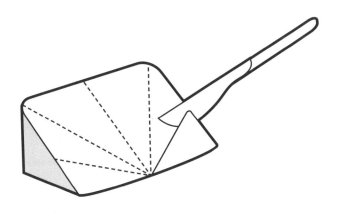

身為美食國度裡的乳酪之王，侯克霍藍黴乳酪是法國乳酪盤的必備品項，受歡迎的程度僅次於Comté乾酪，一般是在主菜和甜點之間上桌，因為有一點鹹，適合佐黑麥麵包一起吃，此外，與核桃或新鮮葡萄乾搭配也是很古典的吃法。

除了當成一般的乳酪，侯克霍早已在法國的美食傳統裡，化身成各式各樣的美味佳餚，從開胃菜開始，經常切成塊或者加鮮奶油攪拌成塗醬，塗在切片的烤麵包、李子乾或餅乾上。切成丁配上核桃與生菜是相當高級的前菜，也常做為填烤蔬菜的填醬，也可以加入派中當佐料。加熱融化後更成為許多主菜的淋醬，特別是搭配牛排最受歡迎。做成甜點比較少見，我吃過和西洋梨一起烤成水果派，甜中帶鹹的滋味相當特別。

貴腐甜酒的絕妙搭擋

貴腐甜酒因為採用滋長黴菌而變得濃縮的葡萄釀造，擁有香濃甜美的迷人滋味，在法國的美食傳統裡是搭配侯克霍藍黴乳酪的最佳飲料。這兩種獨特的美食特產都是靠著特殊的黴菌而產生，也許因此特別相配吧！

其實也只有甜酒有能力搭配味道這麼濃重的乳酪，例如波爾多索甸地區（Sauterne）所產的甜酒最為濃厚，是最經典的選擇，可以讓如奶油般細潤圓滑的乳酪融於肥腴的酒汁之中，顯出豐盛奢華的味覺美感。

除此之外，濃厚的紅酒也很適合搭配侯克霍藍黴乳酪，特別是陳年、單寧柔和，而且酒精稍多一點的紅葡萄酒，如隆河谷地Châteauneuf-du-Pape或波爾多的Pessac-Léognan等紅酒。

至於存放多時的老侯克霍藍黴乳酪，因為味道實在太重，建議搭配陳年的波特（Port）或Banyuls等甜紅酒才能和那濃重的氣味相抗衡。

法國葡萄酒與傳統美食最經典的搭配：侯克霍藍黴乳酪與索甸貴腐甜酒。

Chapter 8

佩里哥黑松露&
阿爾巴白松露

Tartufo Bianco
di Alba &
Truffe Noir
du Perigord

在歐洲，沒有任何食材像松露那般沾著渾身的神祕與傳奇，因為醜怪的外形，也因為稀有難尋，更因為價格高昂得可抵黃金。但最關鍵的是松露那濃得可以穿牆、引人遐思的異香。松露的香味就是這麼特別，聞過一次肯定終生難忘。舊床單、瓦斯、腐葉、醃蒜頭、發酵的玉米、麝香、濕稻草等等，都曾被用來形容松露的香氣，靠著這些跟美味沾不上邊的詭譎氣味，讓老饕們甘心要為松露散盡銀兩。

餐桌上的鑽石

　　法國人對鵝肝與松露的情結就像中國人對魚翅與鮑魚的迷戀一般，因為極端的昂貴，所以穩穩地占著美食極品的地位。每年到了松露季節，高級一點的法國餐廳沒有一家不推出幾道加了松露的菜色，就像高級的中餐廳不能沒有鮑、翅一般。法國作家渥多耶（Jean-Louis Vaudoyer）曾經諷刺地指出「嗜食松露不外兩種人，相信松露很美味，因為很貴；不然就是因為知道松露很貴，所以覺得一定好吃。」渥多耶的這番話並非僅是酸葡萄心理作祟，要說松露真的非常好吃，實在有違良心，同樣是菇類，至少牛肝蕈就甜美滑潤多了，但價格卻不到松露的百分之一，甚至，兩百分之一。

　　在渥多耶身處的二十世紀初，松露即使貴，也還沒出現現在的天價，2001年冬季，在巴黎馬德蓮廣場上的高級美食店裡，上好的新鮮黑松露1公斤要價上千歐元，而那年秋天，即使經歷911事件，義大利白松露在阿爾巴（Alba）的產地價格，每公斤還是持續攀升到5000歐元，創下歷史天價。法國美食家布里雅－薩瓦漢（A. Brillat-Savarin）在1825年出版的《品味生理學》（*Physiologie du Gout*）一書中，將松露稱為廚房裡的鑽石，現在，單從價格來看，還真是貼切。

　　雖然松露在歷史上屢創高價，但在中世紀也曾被人棄如敝屣，而且長達1,000年。在二十世紀初，松露的產量到達了歷史顛峰，價格非常便宜，當時，法國富有人家的小孩帶到學校的零食是巧克力，而一般平民的小孩帶的卻是蘋果或是整顆的黑松露。

　　現在松露這麼受歡迎，真的只是因為貴而已嗎？其實不見得，松露所散發出來的氣味非常特別，沒有其他食物可以取代，而且濃得幾乎可以穿牆。蕈菇、蒜頭、腐葉、濕地、發酵的玉米、醃泡菜、蜂蜜、瓦斯、濕稻草、乾酪、肉桂、麝香等

阿爾巴城的秋季白松露市場裡，瀰漫著濃重的白松露氣味，即使吃不起，來聞聞都很值得，因為松露最珍貴的就在於那獨特的奇異香氣。

在最貴的時候，隨便一顆不到70公克的阿爾巴白松露就得耗費數百歐元，這一盒來自Morra松露商的頂級白松露，價值上萬歐元。如此身價，讓松露一點也不愧是餐桌上的鑽石。

等，這些氣味都曾被用來形容松露所散發出來的奇異氣味，對許多人而言，這些氣味似乎不太能算是香味，更不要提像是經年未洗的床單、豬的精液等等這些完全超出美味想像的形容了。

松露的味道就是這麼特別，聞過一次大概就終生難忘，至於喜不喜歡則因人而異。上好的乳酪和野味不也是靠著它們的奇異薰臭，惹得老饕們朝思暮想嗎？歷經幾千年的研究，我們對松露的瞭解還有著許多神祕難解的謎團，就如同我們很難理解為何有人那麼喜歡吃松露一樣。

松露，又稱塊菇，其種類不少，但不見得都非常昂貴，人類累積了數千年的松露經驗，只有兩種品種因為氣味比較細緻，成為現在人們極力追求的對象。一個是產自法國南部的佩里哥黑松露（Truffe Noire du Périgord），另一個是產自義大利西北部的阿爾巴白松露（Tartufo Bianco di Alba）。這兩種相當稀有的松露，碰巧各自出現在法、義兩個歐陸美食大國裡，各有自己的特色和香味，也有各自的料理法與願意為它散盡銀兩的支持者。更重要的是，松露也成為無數法、義食譜裡的主角，只要是產季，絕對不會在法、義兩國的頂級餐廳裡缺席，而且肯定是每家高級餐廳裡最尊貴的菜餚。

然而，現在這麼高貴，這麼專屬於億萬富翁的美味，但卻又那麼經不起烹調，只能用最簡單、自然的方式才能表現出它的特色。也許，松露迷人的地方正是它那帶著野性與神祕，不輕易被掌握的特性吧！

蕈菇、蒜頭、腐葉、濕地、發酵的玉米、醃泡菜、蜂蜜、瓦斯、濕稻草、乾酪、肉桂和麝香等，都曾被用來形容松露的奇異香氣。

黑松露是所有法國名廚不敢不碰的高貴食材。

在歷史中
發現松露

十五世紀時所繪製的採黑松露圖,在中世紀,幾乎整個歐洲,松露都被貼上不祥的符咒。

　　4,000年前,美索不達米亞的蘇美人在一塊泥板上記載了松露,在楔形文字中松露稱為卡瑪(kama),一種產於中東與北非,生長在沙漠或沙地裡的鐵飛茲松露(Terfez),當時已是蘇美人喜愛的珍品。文字中描述一個兒童將一顆卡瑪經人轉交獻給國王新力林(Zimri-lim)。在往後的2,000多年裡,埃及法老的盛宴中包裹在鵝油裡封烤的松露、巴比倫帝國的松露餐、哲學家畢達哥拉斯(Pythagoras)所讚賞的美味松露,以及受到羅馬貴族與皇帝瘋狂喜愛,以裝滿沙子的陶瓶遠自利比亞運抵羅馬的珍貴松露,都是這種顏色乳白,沒有太多味道和香氣的鐵飛茲松露。

　　羅馬美食家阿比西斯(Marcus Gavius Apicius)在他寫於西元一世紀的*Arte culinaria*廚藝一書中,介紹了一種繁複的松露料裡。松露先以水煮熟之後加鹽,串成一串輕微地火烤,鍋中放入葡萄酒、橄欖油、胡椒、蜂蜜、魚醬(garum)和濃縮蒸發三分之一的酸葡萄汁(carénum)一起煮沸,然後加入一點澱粉讓湯汁變濃,成為沾醬。在松露上刺洞,泡到醬汁裡浸透。

　　這樣的煮法和現在強調松露必須生食的方式似乎背道而馳,不過,這正透露了羅馬人為何棄義大利產的白松露於不顧,而重金購買北非松露的原因了。當時,富裕貴族的料理經常添加許多昂貴的香料,味道非常濃重,毫無香氣和味道的鐵飛茲松露正好可以吸收菜餚中的醬汁,匯集每道菜的所有味道而成為主角。

　　即使到現在,北非的阿拉伯國家,還一直食用這種現在被認為不太美味的松露,並且經常添加許多香料烹煮。巴黎的摩洛哥店鋪偶爾可以看到這種稱為champignon Terfez的松露乾,1公斤通常不到20歐元。

神祕身世

　　雖然松露在早期文明即受到喜愛，但是松露奇特的外型，卻讓它的身世充滿著神祕的謎團，也產生許多特別的解釋。亞里斯多德的弟子鐵歐法斯特（Theophraste）是希臘時期的植物學家，他認為松露是秋雨伴著雷電而生的植物。西元前一世紀的希臘醫生迪歐斯寇瑞德（Dioscoride）在他有關藥草的著作 *De material medica* 中認為，松露是一種沒有莖和葉的直根。羅馬作家普林（Caius Plinius Secundus）更在他的著作《自然史》（*Naturalis Historiae*）中認為，熱、雨和雷引起土地生病長繭而產出松露。

　　即使是在文藝復興時期，都還曾認為松露是雄鹿的精液在熱的作用下，讓一種自然生物受孕所生。一直到十八世紀，吃了幾千年松露的歐洲人才知道，松露其實只是一種菌菇。過去常把松露和熱、雷電聯想在一起，是因為當松露開始進入成熟期時，和松露共生的植物周圍會出現一圈有如焦土的現象，長在圈內的草全部枯萎，法文稱為「Le brûlé」，意為「燒焦現象」。

　　神祕的身世讓松露在羅馬帝國衰亡之後不僅不再受到喜愛，而且人人避而遠之。從西元五世紀到十四世紀，除了統治伊比利半島並信仰回教的摩爾人繼續食用松露外，在整個歐洲，松露因為被貼上不祥的符咒，使得它的美味完全被人遺忘。在中世紀的迷信氣氛下，人們開始相信松露是惡魔的化身才會造成奇異現象。而松露形成的圓形焦土被認為是精靈跳舞的地方，巫婆在上面作法下咒後，會讓走過圓圈的人迷失方向。對當時的基督徒來說，如此不祥的東西自然是不宜食用。

松露復興

　　一直到十四世紀，松露才逐漸走出被妖魔化的陰影，它的美食價值才又開始受到注意，首開風氣的是法國亞維儂

（Avignon）的教皇克里蒙五世（Pape Clément V），不過法國教皇喜歡的不再是羅馬時代的鐵飛茲松露，而是產自法國南部的黑松露。產自義大利的白松露也開始受到注意，特別是在產地皮蒙區（Piemonte），從十四世紀下半開始，皮蒙伯爵的禮物清單也開始出現了白松露。

引領法國文藝復興風潮的法王法蘭西斯一世（François 1e），1525年在義大利巴維亞之役（Pavie）戰敗被俘，並轉而軟禁於西班牙，在當地，他初次品嘗到松露，並且成為第一個深深迷戀松露的法國國王，1526年他簽下讓法國喪失許多權利的馬德里條約才得以回到法國，進而帶動了一陣子法國宮廷嗜吃松露的潮流。那時巴黎才剛開始出現佩里哥黑松露，在法蘭西斯一世之前的法國宮廷，吃的都是產自布根地，屬於Tuber uncinatum種，帶有濃重氣味的灰色松露。法蘭西斯的御醫布魯耶爾（Bruyerin-Champrin）認為最好的松露來自多分內（Dauphiné）和昂古莫瓦（Angoumois）及聖通居（Saintonge）地區，現在全

法國西南部在十九世紀末成為黑松露的最主要產區，雖然榮景不再，但至今黑松露還是以西南部的佩里哥為名。

法國最重的佩里哥黑松露產區提卡斯丹區（Tricastin），在當時就是隸屬於多分內。

在繼任的國王亨利二世（Henri II）時期，來自義大利米第奇家族的凱薩琳（Catherine de Médicis）皇后，也讓法國皇室嘗到義大利白松露的滋味，在義大利，白松露也已經成為餐宴中的高級食材。在巴維亞之役擊敗法蘭西斯一世的神聖羅馬帝國皇帝查理五世，也在1537年，於義大利白松露的產地阿爾巴品嘗到這種珍貴食物。不過，直到二十世紀，白松露都沒有像法國黑松露那樣出名。

極盛時期

吃松露的風氣在十八世紀又再度興盛，而且在十九世紀達到極盛，松露不僅成為一道菜的主角，而且當時所有正式餐宴上的菜單，至少都要有一道以松露為主的菜。

十九世紀是嗜吃松露的極盛期，同時也是松露生產的極盛時代。新的發現，讓松露的採收不再只是野生林地裡的意外收穫，而有更穩定的產量。十九世紀初，僅有小片貧瘠土地的普羅旺斯農民約瑟夫（Joseph Talon），將會長松露的橡木所產的橡木子播種在多石的石灰岩地上，卻長出了許多松露。這個方法逐漸流傳，會長松露的人工育種橡樹林越來越多，過去只能在自然樹林裡採，現在也能人工種植了，松露的產量於是大增，法國在1873年時全國產量超過1,600公噸，大部分都來自普羅旺斯。

鬚根上可能會長松露的樹其實相當多，各地不一，但無論如何，橡樹是最常見的一種，尤其是在法國的松露產地。在眾多的橡樹種類中，有11種會長松露，其中以短毛橡樹（chêne pubescent）最為重要，是最容易長松露的樹種，和短毛橡樹共生的松露通常成長快，也比較早熟。綠橡樹（chêne vert）也相當適合用來培養松露，特別是長在綠橡樹根上的黑松露有特別濃郁的香味。另外栗樹、榆樹、松樹和楓樹等也都是較常出現

煎鱸魚佐蘆筍與黑松露。

阿爾巴城裡的松露市場（Mercado del Tartufo）只有在10到12月的產季才有，周六、日固定開市，除了白松露，也賣義大利其他地區所生產的松露。

松露的樹種。義大利的皮蒙區則以榛木和椴樹最為常見，楊樹和柳樹也可能生長。

十九世紀下半，歐洲葡萄樹的致命絕症——根瘤蚜蟲病（phylloxéra）從美洲傳進歐洲，並且開始摧毀歐洲的葡萄園，不過這樣的浩劫卻意外地促成了松露版圖的擴張。法國西南部佩里哥地區的葡萄園有八成的葡萄樹死亡，因為適合葡萄的土地，通常也很適合種產松露的橡木，當地的葡萄農紛紛改種產松露的橡樹。於是，佩里哥地區從十九世紀末開始盛產美味的黑松露，逐漸取代普羅旺斯的地位。那時正是法國松露產量最大，而且法國人最瘋狂嗜吃松露的當口，這種正式名稱為Tuber Melanosporum的黑松露便在這樣的環境下取名佩里哥松露，成為最美味的黑松露品種代名詞，這個地名與松露名的混淆甚至一直延續到今天。

二十世紀初，法國松露的產量到了極盛期，達2,000公噸，但之後開始走下坡。一次戰後，松露的產量就迅速地減少，二次戰後就僅剩30公噸了。1930年阿爾巴開始舉行白松露博覽會，加上松露商賈科摩‧莫拉（Giacomo Morra）成功的促銷手法，阿爾巴白松露從地區性的美食特產，躍升為全球高級食材裡的明星，價格更是遠遠超過法國的黑松露。

松露產國

法國、義大利及西班牙曾經是全世界最主要的松露產國，不過近年已被中國和澳洲超越，松露每年的產量因天氣的變化相差很大，加上松露的產銷管道非常複雜且不透明，很難瞭解實際的產量或哪一國比較多。只能略估歐洲這三國每年大約各生產8至40公噸的各式松露。其中西班牙主產於鄰近法國的東北部，以黑松露為主。因當地吃松露的風氣不盛，主要都外銷到法國。義、法雖然產量多，但也是全世界吃最多松露的國家。

法國雖以黑松露聞名，但是也生產一些夏季松露（Tuber aestivum）、布根地灰松露和麝香松露（Tuber brumale）。法國是全世界最大的松露進口國，但也輸出新鮮或加工的松露製品到世界各地，全球有超過一半以上的松露市場集中在法國。

義大利是全球極少數生產白松露的國家，主要集中在西北部的皮蒙區和中部的摩里歐（Molise），義大利中、北部也產黑松露和夏季松露等。

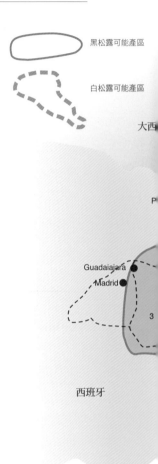

歐洲松露主要產區圖

黑松露可能產區

白松露可能產區

大西

Guadaiajara
Madrid

3

西班牙

賈科摩‧莫拉是讓阿爾巴白松露名聞全球的靈魂人物，他在三〇年代創建的Tartufi Morra至今都還是全義大利最重要的白松露供應商之一。

法國

法國

義大利

1.	Rhône-Alpes	
2.	Provence-Alpes-Côte d'Azur	
3.	Languedoc-Roussillon	
4.	Auvergne	
5.	Midi-Pyrénées	
6.	Limousin	
7.	Poitou-Charentes	
8.	Aquitaine	

1.	Ligurie	9.	Marches
2.	Piémont	10.	Ombrie
3.	Lombardie	11.	Latium
4.	Trentin	12.	Abruzzes
5.	Vénétie	13.	Molise
6.	Frioul	14.	Campanie
7.	Emille Romagne		
8.	Toscane		

西班牙

1.	Catalogne
2.	Aragon
3.	Castille, La Mancha
4.	Valencia

松露的
祕密

松露的外型奇異，不規則狀的球型體可以小如花生，但也可能大如手球，黑色的松露外表還布滿著如鱗片般的硬殼，加上生長在地底下不易尋獲，使得松露在過去3,000多年的歷史中，雖然有許多人投入研究，卻一直帶著神祕的色彩，一直到近百年才逐步揭開深藏在松露濃烈香氣下的祕密。

簡單的說，松露是一種生長在地下，一年生的蕈菇，而我們食用的是松露成熟的子實體。不同於一般的蕈菇，松露並沒有菌帽與菌柄的構造，所以外型上和其他蕈菇很不同。依據生物分類學的定義，松露屬於真菌界（Kingdom Fungi），子囊菌門（Division Ascomycota），盤菌綱（Class Discomycete），盤菌目（Order Pezizales），塊菌科（Family Tuberaceae），塊菌屬（Genus Tuber）。在常見的可食用蕈菇中，味道相當可口的羊肚菇（morille）和松露最為接近，同屬於盤菌目。

切開松露時會出現如迷宮或大理石紋般的紋路，那是松露的子實層以及另外一種不具生殖功能的組織所構成，子實層呈扭曲皺摺，顏色通常比較淡，外圍有顏色較深的邊。

黑松露與白松露

在塊菌屬之下有許多不同種的松露，學名都以Tuber開頭。在目前已經發現的近百種松露中，最著名、同時被認為最美味，價格也最昂貴的是黑松露（Tuber Melanosporum）和白松露（Tuber Magnatum Pico）。松露的顏色很多樣，從深黑到灰色到淡乳白，或紅褐或淡黃褐色都有。黑松露外表的周皮（peridium）相當特別，有如鱗片狀分布，每片鱗片由4到6個面所構成，有如多角形的鑽石狀突起。周皮除了可以保護松露外，松露也藉此呼吸以及吸收養分。白松露的周皮卻是特別的細緻，並且相當平滑，和黑松露形成強烈對比。

松露的內部具生殖功能，由可產生孢子的子實層及另外一種不具生殖功能的組織所構成。子實層呈現極端的扭曲皺摺、

白松露內部的子實層。

黑松露外表的周皮有如鱗片狀分布，
每片鱗片由4到6個面所構成，有如多
角形的鑽石狀突起。

白松露的周皮卻是特別的細緻，並且
相當平滑，和黑松露形成強烈的對
比。

緊密交織的樣態。子實層的顏色通常比較淡，外圍有顏色較深的邊，這也使得在切開松露時會出現如迷宮或大理石紋般的紋路。子實層內有孢子囊，呈卵型或橢圓形，以數根柄附著在副子實層上，因為孢子都是成對，每個孢子囊內含2、4或6個孢子。

松露無法獨立生長在自然的環境中，跟所有真菌一樣，無法行光合作用製造生長所需的碳水化合物。因此松露藉由生長在橡木或其他樹木的鬚根上，透過橡木的根得到醣類等由橡樹合成的碳水化合物。而橡樹也透過鬚根吸收松露自土中所吸收到的礦物質，同時松露也可以提高橡木對鹼性石灰質的承受度。這樣的共生關係也說明了，為何松露必須生長在10～30公分的土中。松露的成分包括80%的水分，8%的纖維質，因為需要靠橡木供應，屬碳水化合物的蛋白質和脂類，都僅分別有5%和1.5%，但為了供應橡樹的需要，松露卻比其他菌類含有更多的鉀、鈣、鎂、鐵、鋅及氟等礦物質與微量元素。

白松露和黑松露一樣喜好鹼性、貧瘠以及帶石灰質的土壤。

生長的自然環境

松露對生長環境的要求相當挑剔，這也是松露在二十世紀大量減產，變得越來越稀有的主要原因，因為即使是些微的變化都會讓松露無法生長，包括機械化的農耕方式、森林樹種的變化，以及土壤的酸化問題，都使得松露的產量在40年間只剩下原本的七十分之一。

松露主要生長在雨量介於300～900公釐之間的溫帶地區，特別喜好鹼性的土質，所以松露生長的區域大都是土中含有許多石灰質的區域，有人認為侏儸紀晚期的石灰質黏土或魚卵狀石灰岩質地，都可以生產出高品質的松露。如果檢視全球主要的松露產區，如法國的普羅旺斯、佩里哥、布根地、西班牙的東北部、義大利的阿爾巴與托斯卡納（Toscana），毫無例外地，全都位在石灰質地形區內。

除了石灰質外，松露生長的土壤也不能太深厚，而且必須

給西（Quercy）的地形屬於法國中央山地西南緣的石灰岩台地，多石的台地上到處長滿橡樹，而且以短毛橡樹和綠橡樹為主，是一個生產黑松露的絕佳環境。

貧瘠，土質要粗鬆，易排水透氣，但是在雨季時土壤還要帶一點黏性。地表要多石灰碎石，並且稀疏地長著一些耐旱與貧瘠的植物。松露的生長需要氧氣，並排出二氧化碳，粗鬆的土壤與碎石可以增加排氣的效果。稍具黏性的土則可以保留一點水分。總之，松露跟許多葡萄一樣，需要一點水分，但又不能太多。每年的雨量變化深深地影響松露的生長，夏天的生長期需要下雨，春天長菌根時卻不能下大雨，只要有一項不符合，當年的松露肯定不會豐收。

松露的生長週期

松露是一年生的菌菇，生長週期只有一年，所以，松露的大小和年齡完全沒有關聯，只隨著四季變化成長、死亡與誕生。每一種松露的生長季節不完全相同，但過程卻都一樣。以法國

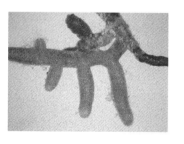

松露菌絲。

的佩里哥黑松露為例，每年的松露採收季到3月底之後就結束了，因為這時過熟的松露已經開始腐爛解體，松露內部子實層的孢子囊也跟著釋放出孢子。只要條件合適，幾天之後，孢子就開始發芽成白色的菌絲體，接著逐漸變紅並增厚變粗，當菌絲碰觸到橡樹的鬚根，會開始纏繞鬚根與之結合成為松露菌根（mycorhize），產生共生關係。

大約到了5月，菌絲變大也變黑，兩條遺傳上不同的菌絲（不同性的菌絲）進行結合，行有性生殖，接著菌絲糾結成子實體（松露），並且在日後生成子囊孢子，這也是松露屬於子囊菌門的原因。剛形成的小松露成長相當緩慢，一直要到8月才會開始快速成長變大，這時松露最需要水分，如果8月分下雨較多，會讓那年的松露非常多產。一直到11月之前，松露的外表都還是呈灰色或紅褐色，還沒有成熟，此時採收的松露不僅沒有香味，口感也不佳。必須至少等到第一波冷鋒到來之後，松露才會停止成長變大，開始進入成熟期，顏色會變得深黑，並且釋放出獨特的香味。

成熟的時間也因年分而變，但大約12月就進入成熟期直到隔年3月。傳說中松露的生長和月亮有關，特別是到了成熟期，從滿月到下弦月這段期間松露長得特別快；至今，許多松露獵人還是相信這個神奇的關聯，市場上也一直有下弦月時松露產量特多的傳聞。

栽培松露

松露因為生長條件與方式都相當特殊，至今無法完全由人工栽培，但是種植根部帶有松露菌絲的橡木，只要環境適合，還是可能在橡樹長大後產出松露，十九世紀初法國就已經有種植成功的例子。松露不一定得到野生樹林裡找，現在法國各地有數萬公頃的橡樹林都是為了產松露而種的，最早農民選擇會長松露的野生橡樹，取它的橡樹子播種，通常要10年才知道是否成功。現在新種的橡木園則是採用樹根帶有菌絲的樹苗，機率

植入松露菌絲的綠橡樹苗，種植之後，也許10年後就會長出黑松露來。

高一點，但還是很難保證成功，也需要近10年的等待。除了過去累積的經驗，現在農民也對種植環境和土質做更多的研究，不過，松露的產量還是不增反減。

　　1公頃地僅能種350棵橡樹，7到10年後，如果運氣好，其中可能一小部分能生產松露。為了土地利用，農民會在樹間的空地先種植其他作物，例如在普羅旺斯就經常種植葡萄和薰衣草等，以提高土地的投資報酬率。也因為這樣的原因，松露的價格雖然很高，但栽培並不興盛，即使像義大利或西班牙這樣的松露大國，也是這幾十年內才開始人工種植松露的計畫。

　　不過，在澳洲、紐西蘭等南半球國家，松露已經以高經濟作物的方式大規模種植，並且有非常純熟精確的栽培技術，即使在這些國家並沒有太多適合種植的石灰岩土壤，在種植可產松露的橡樹時，都可透過添加石灰質的方式改善種植的環境。

當橡樹根上長出松露時，周圍的植物會開始乾枯死亡，出現燒焦現象。

燒焦現像

　　雖然現在對松露的認識已經有大致的輪廓，但是最神祕的燒焦現象卻還是一個解不開的謎團。當一棵橡樹的根上開始長出松露時，橡木周圍的植物會開始乾枯死亡，直徑範圍有時1、2公尺，但也可能寬達20公尺，因為植被枯死，土壤外露，有如燒焦的土地而得名。

　　這種現象從春天橡樹鬚根上開始長出松露菌根時就可能開始出現，但當橡樹不再長松露之後，草與植物又會開始長回原本發生燒焦的地方。相關的猜測非常多，例如有人認為是松露與橡樹產生共生關係後，釋放某種荷爾蒙摧毀其他植物，或甚至認為松露菌絲會排出抗菌劑，但這些全都無法得到科學證實。

松露與春藥

　　松露具有催情的作用自古即有傳說，在希臘時期，雅典人就以松露來供奉愛神、美神維納斯。希臘醫生Leukada甚至將松露

當作有益於愛情「嬉戲」的藥方。法國美食家布里雅－薩瓦漢在1825年出版的《品味生理學》一書中描述一對男女一起食用松露填雞之後，兩人不可抗拒地發生關係。他跟著提出評論，認為松露可以同時喚起男女對情色與美味的記憶，是因為松露不僅好吃，而且可以引發一股伴隨著最甜美喜悅的強大力量。在另一處他很曖昧地說，松露可讓女人更溫柔，男人更和藹可親。

即使沒有春藥成分，但松露的奇特香味卻能如許多性感香水般挑動情慾。十九世紀的巴黎交際花歐里妮（Laure d'Aurigny）似乎對這樣的香味特別迷戀，她在義大利大道上的富人咖啡廳（Café Riche）曾留下一句耐人尋味的話語：「我愛男人，因為我愛松露。」

1810年，拿破崙得知一位上尉軍官生了19個小孩，因為他在行房前都吃一隻用香檳煮成的松露母雞。拿破崙於是請薩拉（Sarlat，佩里哥區內的城市）的軍區司令幫他找來最好的母火雞和松露。果然，1811年，未來的拿破崙二世弗朗索瓦（François Charles Joseph Bonaparte, 1811-1832）就在巴黎誕生。這位多產的上尉也因此被升為佩里哥軍團上校。大部分的人認為這僅是傳奇故事，不過，最近一群德國的研究人員已經在松露裡發現一種也出現在公豬血漿內的性費洛蒙。不管佩里哥的黑松露是否讓拿破崙一舉得子，至少由此可知為何母豬會有尋找松露的天賦異稟。

雖然尋找黑松露的工作已經逐漸被狗取代，但仍有些松露獵人靠母豬的天然稟賦找尋松露。

採集
松露

　　要發現長在樹木地下根部的松露並不是件容易的事，採集松露的人常被冠上「獵人」的頭銜。不過，對一個有經驗的松露獵人來說，找松露絕不是如海底撈針似的在樹林裡亂竄亂挖，而是有跡可尋的，例如燒焦現象、地質條件等等，每個獵人都有一套自己的松露經驗法則。

　　不過這些都還不足夠，松露獵人還需要其他動物的協助來找松露，現在最常用的是狗，但是也有人用母豬，其實，在自然界裡就有一些動物喜歡吃松露，例如棕熊就很會找松露，會用爪子挖掘松露來吃，狼偶爾也吃松露，野豬更是特別愛吃。因為松露成熟時會產生很濃重的味道，自然可以引來對味覺特別敏感且嗜吃松露的動物。

尋找松露的方式非常多，但最方便有效率的是由狗代勞。

狗雖然不特別喜歡松露，但訓練容易，靠著靈敏嗅覺可以成為找松露的高手。

　　在所有動物中，除了人類以外，豬特別對松露感興趣，尤其是母豬。牠們天生就對松露的味道特別敏感，根據實驗，母豬可以清楚地聞到深埋地下1公尺的松露。母豬也特別喜歡吃松露，當豬找到松露時，會用鼻子和前蹄挖出松露，然後一口吃下。

　　因為全然是出於天性，所以用豬來找松露不需要經過訓練就相當準確有效。也因為容易，所以母豬在中世紀末期就已經被用來尋找松露了。即使到現在，法國的佩里哥地區及普羅旺斯山區，還有人用豬來找尋松露。

　　不過，也因為母豬天生愛吃松露，所以風險很大，因為獵人必須搶在豬小姐吞下黑鑽之前先取得松露。因此獵人們會預先在袋子裡裝著豬愛吃的橡樹子和玉米，並在豬脖子上綁一條短繩。在找到松露的瞬間，馬上拉緊繩索，並灑下一把玉米和橡樹子引開母豬，然後在千鈞一髮之際迅速地撿起松露。也許因為這樣的方法實在太刺激了，所以用豬找松露僅限於法國少數地區，目前逐漸被狗所取代

現在找松露主要都是靠狗，至少，比豬更配得上獵人的身分。狗雖然不討厭松露，但也不特別喜歡，只要經過訓練，靠著牠們的靈敏嗅覺也可以成為找松露的高手。有些狗會從小餵食加了松露的香腸，讓牠們把松露和美味聯想在一起，在聞到松露氣味時會奮力挖土。接著再訓練牠們瞭解如果不吃下松露可以得到更好的獎賞，例如餵牠們吃飼料或餅乾，畢竟牠們並不特別喜歡松露。訓練成功之後，狗兒就會為了主人的獎賞尋找松露，而且相當有效率並安全。不論是在普羅旺斯、義大利的皮蒙區或是其他新興產地，幾乎都用狗來尋找松露。除了獵犬無法在樹林裡專心尋找松露外，大部分的狗都很適合訓練成松露犬。

雖然比較少見，但也有人利用蒼蠅來找松露，有8種蒼蠅會被松露的香味所吸引，其中最常見，而且準確度較高的是一種叫做helomiza的紅蒼蠅，這種蒼蠅的幼蟲常以松露為食，所以紅蒼蠅聞到松露的味道後會鑽入土內，在松露的外皮上產卵。靠蒼蠅找松露的人並非帶著蒼蠅出門，而是帶一支木棍，找到可能長松露的橡樹林後，蹲在和太陽逆光的角度，以棍子撥掃土地，看到有蒼蠅從土裡飛出，標出地點往下挖就可能會有松露。

這樣的方法雖然省掉帶著豬或狗的麻煩，但卻比較耗時，且很費體力和眼力。

文森與瑪麗。

文森斯先生的松露神犬

2000年2月，已經接近黑松露產季的尾聲，透過松露公會主席介紹，我約了文森斯先生（Jean-Paul Vincens）——法國西南部給西（Quercy）台地上的松露獵人，去找尋松露。我在普羅旺斯已經看過許多次狗找松露的表演和比賽，這回卻是真的到樹林裡找。

文森斯先生養了7條狗，今天和我們一起出獵的是他的獵菇高手——瑪麗，一隻顯得有點老態的黑色拉布拉多母狗。我們

麝香松露。

穿過一處新種的橡樹林，然後轉入濃密的橡樹林裡。繞行了10多分鐘的小徑，瑪麗不斷地嗅聞地面，但都沒有收獲，我遠遠地就看見一處林地出現了燒焦現象，文森斯先生說這是我們今天的目標地，我們還沒走到那裡，瑪麗已經跑過去挖出一顆小松露，牠馬上獲得一塊餅乾。主人發出口令叫牠再找，不到30秒，另一顆松露又出土了，又是一塊餅乾。就這樣，在半小時之內重複了20多次，在鄰近幾棵橡樹下找到了20顆松露。其餘幾次文森斯認為應該是松露太小，混在挖出來的土中沒有找到而已。有瑪麗這隻松露神犬，讓主人只要撿現成的松露就好，效率實在驚人。

　　不過，那天即使有瑪麗賣力的演出，但是我們的運氣並不太好，大部分的松露都不大，最大的只有核桃大小，而且都是價格不高的麝香松露，我的松露雞也就此成為泡影。

法國佩里哥
黑松露

　　佩里哥黑松露是以二十世紀初，法國主要產地命名的松露品種，真正的學名其實是「Tuber melanosporum」。由於佩里哥的松露已經沒落，產量不多，大部分的佩里哥黑松露其實都不是產自佩里哥地區。例如普羅旺斯的佩里哥黑松露就獨占了法國三分之二的產量，在當地稱為「rabasse」或「rabasse negro」，是法國最大的黑松露產地。

　　黑松露周皮長有鱗片般的突起，成熟時，顏色會變成深黑色或黑褐色，因此被稱為黑松露。但是外皮呈黑色的松露其實相當多，唯有佩里哥黑松露才是人們願意付高價購買的黑色松露，因為它的香味最細緻、口感脆爽，美味指數最高。除了義大利的白松露，沒有其他松露可以在美味上和它競爭。

　　黑松露產期從11月中開始到隔年3月中，不過還是得視氣候而定，如果出現暖冬，季節會往後延。通常聖誕節過後到2月中之間是最好的季節，因為天氣夠冷，松露的成熟度更好，香味也更濃厚。許多11月的松露因為還沒成熟，比較沒有香味，也沒有太多味道，吃起來有如嚼蠟。雖然有人愛嘗初鮮，但11月絕不是吃松露的好季節。2月底之後的黑松露會開始出現一些刺鼻的濃重氣味，比較不細緻，常被用來製成罐頭。通常季前或季後價格會便宜一點。黑松露的價格因產量的多寡變動很大，一般產地價無論是法國、西班牙或義大利，大約在400～500歐元之間，但在巴黎的零售價常常是產地價的兩倍，是全世界最貴的黑松露。

　　黑松露的大小和形狀不一，通常介於栗子和拳頭之間，不過，偶爾會出現重量超過800公克以上的巨型黑松露。黑松露的內部有黑白相間的不規則紋路，白色部分是子實層，外圍有一圈半透明的物質包著，氧化之後會變黑或黑紫色，其餘的部分呈灰黑色或紅黑褐色，越成熟，黑白對比越明顯。

提卡斯丹區是法國最主要的黑松露產區，每年有上萬公斤以上的產量。

這一籃佩里哥黑松露其實是來自普羅旺斯，品質和價格都不輸真正產於佩里哥的黑松露。

里西宏虛村的入口立了三顆碩大的黑松露，告知旅客這裡是黑松露的國度。

成熟的黑松露香氣非常濃郁，常帶有麝香、蕈菇、濕地、熟爛的草莓以及濕稻草等氣味，甚至有人認為帶一點經年未洗的床單味。不過這些形容詞都是多餘的，因為黑松露的氣味無法用其他氣味來形容，但聞過一次就終身難忘。

　　至於黑松露的口感也很特別，不過沒有香味精彩。巴黎Lucas Carton餐廳名廚艾倫‧桑德朗（Alain Senderens）相信，好的松露生食會有一種難以比擬的脆爽口感，而且有一點甜味，但一遇熱就消失。不過，一般松露通常以特殊的刨刀刨成薄片，很少整顆生食，比較難感受大咬一口黑松露的感覺，至少，我還沒這樣吃過。據說主廚夫人受到先生的影響，培養出生食整顆黑松露的奢侈嗜好。

主要產區

　　黑松露主要生長在北緯43°～46°之間，法國的東南部是最重要的產地，現在全法國80%的黑松露產自這個地區。這個廣大的區域介於地中海、阿爾卑斯山和中央山地之間。涵蓋了普羅旺斯和一小部分的藍格多克（Languedoc）。其中以普羅旺斯最為重要，北起多母縣（Drôme）一直到地中海岸邊的蔚藍海岸都有出產，不過最主要的產地集中在北部的提卡斯丹區，和最早開始種植松露的盧貝宏區（Luberon）。其中提卡斯丹是法國最主要的黑松露產區，每年有上萬公斤以上的產量，區內的小村里西宏虛（Richrench）村每年產季的週六早上有松露市場，全法國有三分之一的松露都是從這個居民不到千人的小村賣出去，是歐洲最大的松露市場。

里西宏虛村的松露市場

　　因為葡萄酒的課程，我曾在提卡斯丹度過兩個冬天，去過幾次里西宏虛村的松露市場，也和朋友去買過松露，不過那裡是仲介的天下。零買普羅旺斯松露，主要還是要到卡邦塔

里西宏虛村每年產季的週六早上有松露市場，全法國有三分之一的松露都是從這個居民不到千人的小村賣出去，是全歐洲最大的松露市場。

看似寧靜平凡的里西宏虛村內藏著法國最重要的松露市集。

（Carpentras）以及鄰近的瓦雷厄斯（Valréas）購買。

里西宏虛村的松露市場在週六，大約早上9點多就開始，第一次來的人大概很難想像松露市場裡除了到處是松露味外，還滿布著詭異的氣氛。村子裡唯一的主要道路上聚著小村難得的人潮，路兩旁停了幾輛車，滿街的人都站在路中央，神祕地交頭接耳，看貨、講價、交易全都很隱密地進行，在這裡是看不見松露攤子的。

全法國大約只有20個正式的松露仲介商，大部分都會在這個市場上買貨，路邊的車子大部分都是仲介商的車子，半開的後車廂裡都備有確認重量的老式提秤，他們幫松露商或甚至買量大的高級餐廳選購需特定品質與數量的黑松露，買賣考驗的是仲介的選貨能力和在當地的人脈。

松露獵人會把松露放進麻布小袋裡，或超市的塑膠袋中，看見手上拿著袋子的人就可以過去跟他要求看貨，對這批貨有興趣還可以聞一下味道，買賣通常必須整批購買，所以除了重量外，整批松露的狀況和大小也要列入考量。談好價格後，最後的買賣會在後車廂旁進行，以提秤過磅，根據傳聞，仲介商習慣主動少算50公克當作小費，不過一直沒有人可以跟我證實這件事。仲介必須馬上以現金一次付清，將松露放入後車廂完成交易。雖然理論上交易到中午，但11點之後就幾乎不可能買到好貨了，那時大部分的人已經擠到村內唯一的咖啡館喝茴香酒聊天。

法國西南部也產黑松露，在二十世紀初期還曾是法國最大的產地，雖然現在還有法國人認為西南部產的松露品質最好，但那其實已經是陳年往事了。西南部的松露產地以佩里哥和給西兩區最為重要，這裡的地形屬於法國中央山地西南緣的石灰岩台地，多石的台地上到處長滿了橡樹，而且以短毛橡樹和綠橡樹為主，是一個生產黑松露的絕佳環境。真正產自佩里哥的黑松露已經少之又少，因為橡樹林老化，很難再產松露，薩拉、Sorges-en-Périgord和聖阿維爾（Saint-Alvère）是最著名的產地。給西區的產量比佩里哥多，加上有法國西南部最大的松露市場

法國西南部靠近卡歐附近的石灰岩台地上長著許多的橡木林，是相當適合黑松露生長的環境。

拉邊克松露市集。

拉邊克（Lalbenque）村，現在地位越來越重要，區內著名的產地包括卡歐（Cahors）、馬特爾（Martel）和格拉馬（Gramat）等等。

拉邊克村的松露市場

從觀光的角度，拉邊克的松露市場最值得前往參觀，除了仲介，業餘的買主也很容易下場採買。拉邊克是給西台地上的荒僻小村，但周圍卻是黑松露的產地，因為鄰近著名的卡歐葡萄酒產區，我曾順道去過兩回。

正式開市的時間在週二下午2點半，不過想看熱鬧的人最好早一點到，因為2點半是開始交易的時間，但是2點不到，數十個松露獵人就會開始將松露放在藤籃內，排成一排在路邊的矮凳上陳列，仲介和有興趣的買家已經開始忙著看貨、聞香，甚至詢價，看中意的在開市前就可以先議定。等2點半再完成交易。每年11月到2月，大約有十分之一（約4噸）的法國松露是從這個市場賣出去的，但規模只有30年前的四分之一。

除了法國，西班牙也是重要的黑松露產國，原本主要集中在加泰隆尼亞自治區（Cataluña），且多是野生採集，產量不多。但近年來在Teruel省東南角的Gúdar-Javalambre區內種有六千多公頃的黑松露橡木林，年產量甚至可能高達40公噸之多，成為歐洲最主要的黑松露產地。除了加泰隆尼亞菜系會採用黑松露，

西班牙其他地區並不特別熱中吃黑松露，除了供應高級餐廳，也出口到法國。

義大利也出產黑松露，產區範圍分布於義大利北部和中部，甚至西西里島也有小量出產，最著名的產地在中部的溫布里亞（Umbria）區內的小村諾爾察（Norcia）附近。義大利產的黑松露又直接稱為「有價值的松露」（tartufo nero pregiato）。此外，巴爾幹半島上的克羅埃西亞和斯拉維尼也產少量的黑松露，南半球的紐西蘭也開始引進種植黑松露，另外，澳洲的西澳也成功生產黑松露，在近年成為全球最大產區，主要在北半球不產黑松露的夏季供應全球新鮮當令的黑松露。

挑選黑松露

光從外表實在很難分變黑松露的好壞，特別是在產地的松露市場採買時，松露常常沾著泥土，相當難辨識；當然，買之前想先試吃更是不可能的事，不過專業的松露商和仲介卻有權力用小試刀挖出松露內部檢驗。形狀最好規則一點比較好處理，有蟲咬的痕跡並不會影響松露的品質，不過價錢會低一點，且較不耐保存。形狀不規則的松露多半產自多石的土地，據說香氣會比較足。

一次買較多的可以選擇還包有泥土的黑松露，這樣可以保存比較久，但風險也比較大，依規定土的重量不能超過松露重量的十分之一，但很少有人會認真遵守。

黑松露的外皮堅硬，當摸起來有點軟時，黑松露可能已經過熟快要爛掉，也不會有脆爽的口感，遇到霜害或冷凍過的松露也會變軟，絕不要購買。

香味最好不要有草的菁味或腐葉的氣味。就形狀而言，中型的松露較能吃到松露的口感，特別是太小的松露一去皮就所剩不多，反而不划算。

在產地的松露市場採買時，松露常常沾著泥土，相當難辨識好壞。

挑選松露時，香味非常重要，還沒成熟的松露通常沒有香氣，如果聞起來沒有香味，最好不要購買。

義大利
阿爾巴白松露

位在義大利中部的聖米尼亞多村也出產高品質的阿爾巴白松露。

白松露之都──阿爾巴。

在法國，白松露指的是夏季松露，一種不太美味的可食性灰松露。但是，在義大利，白松露是和夏季松露完全不同的另一種松露，比法國的黑松露還稀有，在風味上也略勝一籌──至少，在細緻度和價格上是如此。這種珍貴的義大利白松露被羅西尼稱為「蕈菇中的莫札特」，正式的學名為「Tuber Magnatum Pico」。不過一般都稱「tartufo bianco」（白松露），因為主要產自義大利的皮蒙區，所以又稱「皮蒙白松露」（tartufo bianco di Piemonte），由於皮蒙區的白松露以阿爾巴為中心，所以也有人稱為「阿爾巴白松露」（tartufo bianco di Alba）。在當地的方言中稱「trifola d'Alba」，總之，指的都是這個珍奇美味的松露品種。

阿爾巴因為出產義大利最著名的白松露，幾乎成了頂級白松露的代名詞，所以也順理成章地成為義大利的松露首府。由古內歐省（Cuneo）在內的八個省分所構成的皮蒙區，是義大利北部集工業、美食與葡萄酒的精華地帶。阿爾巴市所在的朗給（Langhe）就位在古內歐省內。阿爾巴是個3萬人的小城，富裕而精緻，建城已經2,700年，還保有許多古蹟。阿爾巴也是義大利葡萄酒重鎮，城南是Barolo，城北是Barbaresco，義大利北部最受酒迷們景仰的兩個葡萄酒產區，都以阿爾巴為中心。白松露加上頂尖的葡萄酒，阿爾巴也因此成為義大利北部美食的代表性城市。

1929年，阿爾巴開始在10月分舉辦松露博覽會（La Fiera del Tartufo），除了展售松露和美食特產，也在城裡舉辦許多慶祝活動，成為義大利每年的松露盛會。城裡的松露市場只有在10到12月的產季才有，過去在廣場上舉行，現在則是週六、日固定在舊城最熱鬧的Via Vittorio Emanuele, 19號市政府所屬的建築裡。除了白松露，也可以買到義大利其他地區所生產的松露，

甚至一些松露油或松露米之類的製品，及有關松露的書籍，比起各地的松露市場少了許多鄉野氣息，顯得特別優雅和商業。其實，阿爾巴城內也有許多由松露商開的店鋪，包括在佩蒂納（Pertinace）廣場的Tartufi Morra，Via Vittorio Emanuele上的Tartufi Ponzio和I Piaceri del Gusto都可以買到品質相當好的白松露。

白松露的產期從夏末開始，經秋天到初冬，一般10到12月是最主要的季節，在比較多雨潮濕的年分也有可能在8月就可採收。不同於黑松露可以用人工在橡樹根部植入菌絲進行繁殖，所有白松露都是野生的，無法進行人工培植，因此比黑松露更加稀有。很難估計每年有多少產量，大概僅有2,000公斤左右，平均每個義大利人只能分到0.05公克，也難怪白松露會出現驚人的天價，成為全世界除了番紅花之外，最昂貴的食物。

白松露的顏色和馬鈴薯類似，如奶油般的淡乳黃色，略帶一點淡琥珀色，顏色較深時也可能呈現淡棕色。完全不同於黑松露如盔甲般粗硬的外皮，白松露的周皮特別細緻平滑，雖然有時有些突起和凹陷，但都沒有硬殼。在正常的情況下白松露的外型會呈球形，但也經常因生長的環境而變成扁平或不規則狀，大小從榛果到蘋果般大都有，最大也有可能超過1公斤。松露內部則是白色與淡土黃色相間，並且呈現如大理石般不規則的紋路。切開氧化後，顏色會變深，呈淡紅褐色。和黑松露一樣，內部白色的部分是含有孢子的子實層。

白松露最迷人的地方是它的香氣，通常有很明顯的蒜頭味，另外也略帶有小洋蔥的香味，甚至有一點帕馬森乾酪的香氣，上等的白松露還會帶有蕈菇、蜂蜜、濕稻草甚至香料的香氣，相當特別。比起黑松露，白松露的香味比較細緻，也更多變。不過，過熟或儲存不當的白松露卻會出現發酵、瓦斯味或阿摩尼亞般的怪味。白松露雖然香，但是卻比黑松露更容易因遇熱而導致香氣消失。在口感方面，白松露因為含有比黑松露稍多一點的脂肪和糖，所以口感除了脆爽，也多了一分圓潤，甚至讓人覺得具有類似帕馬森乾酪如沙質般的奇特口感。

義大利的白松露獵人習慣在太陽下山之後，再帶著手電筒和狗出門找松露，避免被別人發現行蹤。

白松露無法人工植樹培養，完全要靠獵人野地採集。

不同於法國習慣在白天採松露，義大利的松露獵人習慣於太陽下山之後，帶著狗和手電筒找松露。由於所有的白松露都是野生，有經驗的松露獵人都有他們固定採白松露的寶穴，這些地點是職業上的最高機密，所以夜晚出動比較可以避人耳目。不過，根據官方說法，是因為他們認為狗在晚上的嗅覺更好，而且更能專心尋找松露。

義大利清一色採用狗來找松露，並沒有用母豬的傳統，不過只要想到母豬可能一口吃下價值上萬元的白松露，實在不宜輕易嘗試。

白松露的生長環境

白松露主要生長在離海稍遠的地區，特別是丘陵區，因為有穩定的雨量，不過海拔不能太高，白松露很少生長在超過600公尺的山地。跟大部分的蕈菇一樣，夏季多雨的環境可以讓白松露快速成長，夏季如果乾季太長肯定會影響白松露的生長。所以，一些避風、潮濕的小谷地就成為最常出現白松露的地點。

雖然白松露和黑松露一樣喜好鹼性、貧瘠及帶石灰質的土壤，但還是有許多差別。

白松露比較怕乾，所以較喜歡谷地，甚至離河較近的地帶，即使可能長在坡地上，也不能太乾太陡。為了能保留土壤中的水分，以帶黏性的石灰質黏土最佳，表土需要比較黏密，底土最好能含帶一些石灰質碎石，有透氣性。無論如何，白松露最喜歡黏密度高的土壤，最好是含有矽砂可讓黏土質更黏密。這樣的土質也很適合和白松露共生的樹木，如榛木、椴木、橡樹、白楊樹和柳樹等等，在這樣的土質上，樹木會長出較多的鬚根。生長白松露的樹林必須相當茂密，至少超過一半為樹木所覆蓋以遮蔽陽光，樹底下最好不要有矮樹叢，但必須長一些青草以保有水分。

砂質土也能產松露，阿爾巴西北邊的羅耶羅（Roero）地區有一個含有許多砂質土的斷層區，也產白松露，因為砂質土可以

位在義大利中部的聖米尼亞多村也出產高品質的阿爾巴白松露。

阿爾巴城南邊的Barolo葡萄酒產區裡，有許多靠近谷地的樹林，是阿爾巴白松露的最佳產地之一。

讓松露隨意生長成完整的球型松露，不像石灰質黏土常讓松露產生皺摺或變形，所以特別受到歡迎，稱為岩石松露（tartufo delle rocche）。

白松露主要產地

除了在克羅埃西亞的依斯提亞半島（Istria）有出產一點白松露，義大利幾乎是白松露的唯一產國。而且不論北部和中部各省多少都有生產。不過，大部分的白松露都產自皮蒙區內，尤其是阿爾巴所在的朗給以及鄰近的羅耶羅和蒙費拉托（Monferrato）幾個地方。許多人認為朗給出產的白松露品質最好，但是很少人能說出差別在哪裡，我僅品嘗過五次，也還沒能分辨出產區間的差別。皮蒙區以外，義大利中部的摩里歇也是相當重要的產區，有時可高達全國產量的三分之一。托斯卡

那區在離比薩不遠的聖米尼亞多（San Miniato）村也出產高品質的白松露。名氣僅次於阿爾巴。

如何選擇白松露

2001年，我在全義大利最重要的白松露商Tartufi Morra的地下白松露儲藏室，向亞歷山卓‧波利諾（Alessandro Bonino）討教了挑選白松露的方法，他們家三姐弟一起經營這家讓白松露聞名全球的公司，控溫設計的儲藏室裡放滿了最頂級的阿爾巴白松露。之後的幾天，我在阿爾巴的松露市場得到許多驗證，也學到了許多經驗，就像買鑽石一樣，不是行家，還是不要隨便出手為宜，我就曾經犯過不少錯誤，畢竟，那是1公斤十幾萬的東西。

外形圓整的白松露即使不會更可口，卻方便清理和切片。白松露的外皮比較脆弱，挑選時最好選擇皮比較細滑，而且沒有破洞或傷痕的白松露。

外表沾著泥巴可能是為了掩飾缺點和增加重量，與松露的鮮度一點關係也沒有，不過可以保存比較長的時間。清理過外皮和沒清理的價格是不一樣的。過大的松露因為稀有，價格更貴，但不見得更好吃，大都是富豪買來當餽贈的禮物，中型大小的松露反而比較適合。

白松露摸起來要不軟不硬，太硬意味松露還沒熟，沒有香味；太軟則過熟口感不好，甚至採收後保存不當也會讓松露變軟。

和黑松露一樣，香味也是選擇白松露的關鍵。與一瓶上好的葡萄酒一樣，香味要濃郁、細緻多變，而且不能有雜味。說來簡單，有發酵的氣味、煮熟的高麗菜、腐爛的稻草或阿摩尼亞的味道都是有缺點的白松露。

至於蒜頭、蕈菇、蜂蜜、濕稻草以及丁子香與肉桂等香料味，則是上等白松露常有的香氣。

Morra的控溫儲藏室裡放滿了最頂級的阿爾巴白松露，其中最珍貴的是這顆重達1公斤的巨型白松露。

阿爾巴所在的朗給是白松露的最佳產區，雖然從外表很難分辨，但是行家卻可以從松露的香味分出差別，圖中人物為聞名全球的Tartufi Morra白松露公司經營者亞歷山卓‧波利諾。

松露的保存
與食用方式

　　保存新鮮的松露和保存其他菇類類似，要有濕度，但又不能太乾，溫度也不宜太高。買回來的松露先不要刷掉泥土，直接用吸水的紙包起來，放入冰箱的蔬果保鮮層，一來溫度不會過低也不會過高，二來可以保留水分，同時又遠離光線，如果有很多顆最好分開包。冰箱內的食物如奶油、乳酪等等，都會吸收松露的味道，如果不希望他們染上松露味就一定要包好，根據我的經驗，即使連包了保鮮膜都不能倖免。

　　這樣的方式只能保存幾天，當松露開始變軟時一定要馬上吃，因為這是松露已經到了成熟的極限，再放就要腐敗了。將松露和蛋一起放進密封的罐子裡1、2天，是一個充分利用松露附加價值的實惠方法，因為松露的氣味會穿過蛋殼進入蛋裡面，這些蛋不用加松露就能做成松露炒蛋，我實驗過一次，確實有香味，但蛋要煎的越厚越好，才能把香味包起來。

　　雖然我還沒有過松露太多吃不完的經驗，但如果真有這樣的情況時，法國美食作家法蘭索瓦・杜巴利（François Dubarry）提供了一個看似不錯的方法，可以將松露冷凍起來，在沒有松露的季節時品嘗。將松露清理乾淨，放入玻璃瓶中，再注滿油（最好是味道中性的沙拉油或葵花籽油），然後放入冰箱冷凍。經過冷凍的松露香味還在，但會完全失去脆爽的口感，而已經浸滿松露味道的油可以用來拌沙拉。

松露的料理方式

　　和所有野菇一樣，松露要盡量避免用水沖洗，沾染泥土的外皮可以用刷子或舊牙刷清潔，然後很迅速地沖一下水，用刷子去掉最後的泥土，馬上用布擦拭乾淨。黑松露與白松露的處理方法不同，黑松露的周皮很硬，不太可口，製作精緻菜餚時

松露這麼高貴，卻又是這麼經不起烹調，只能用最簡單、最自然的方式才能表現出它的特色。

1 | 2
3

1. 松露通常刨成片，可以調整厚度的松露刨刀最合適，可以依需要刨成適當的厚度。厚一點可以保留脆爽的口感，薄一點可以讓香味完全釋放。

2. 淡水螯蝦，夏季松露沙拉。

3. 白松露怕熱，可以在上桌後直接將白松露刨到盤子裡，以免香味消失。

最好先削皮。這些剩下的皮可以泡到油裡製作松露油，還不算太浪費。至於白松露，因為周皮很細滑，完全不需要去皮。松露通常刨成片、切成絲或者再細切成丁後加入菜餚。最好不要用一般的刨刀，也不太適合用刀切，可以調整厚度的松露刨刀最合適，可依需要刨成適當的厚度。厚一點可以保留脆爽的口感，薄一點可以讓香味完全釋放。

松露的味道雖濃，只要一加熱或製成罐頭，卻又容易消失無蹤，而且失掉爽脆的口感。特別是白松露，更是怕熱。所以在義大利大多習慣在客人面前直接將白松露刨到盤子裡，以免香味消失。

封烤的方式也可以把松露的香味包起來，法國在十八世紀發明了「Demi-deuil」的作法，將黑松露片塞入雞的皮與肉之間，然後再煮，簡單有創意，而且可以讓黑松露香氣滲入雞肉，是一道法國的經典名菜。保羅·博古斯的松露湯也很有名，採用包麵包皮封烤的作法，這些傳統式的作法是相信以慢煮的方式能夠把松露的香味全部煮出來。但是現在許多主廚都提倡生食，或者在上桌的前一刻再把松露放到熱菜上，除了保有香氣，也是為了能夠吃出松露的爽脆口感。

因為香味奇特，所以松露可以讓一些平凡的食材如麵粉、奶油或蛋等添加香氣。多虧法國歷代名廚創造出許多松露食譜，菜色相當豐富。松露屬冬季時鮮，常加入一些濃重的菜餚，通常不脫封烤、填雞或麵皮封烤等等，若加入醬汁，常常是切細丁，在起鍋前灑上。在義大利，白松露幾乎都僅搭配簡單的麵條或燉飯，很少像法國做出複雜的菜色，在我看來這應該算是優點。不過，無論如何，生吃才是保留松露原味的吃法，例如切薄片加野苣當沙拉，是冬季最簡單卻也是最豪華的前菜。

松露還可以製成其他產品如松露油、松露汁等，都是保留松露香氣的調味品，讓迷戀松露的人在夏季也可賴以解饞。至於罐頭，常常失去松露香味與脆爽口感，特別是白松露罐頭，除非好奇，並不值得購買。

黑松露製成罐頭很容易就喪失原有的風味。

夏季松露內部的顏色比較淡，所以在法國又被稱為白松露。

其他可食用的
松露

　　同屬於塊菌屬的松露種類超過數十種，除了被認為最美味的白松露和黑松露之外，還有十多種松露也可食用，但因為美味指數不高，價格便宜許多，有些甚至幾近毫無商業價值。

・夏季松露

　　夏季松露的外皮雖然顏色稍淡，但真正成熟時也可以接近黑色，類似黑松露。不過，夏季松露內部的顏色卻呈乳白色與白色相間的紋路，即使成熟時也僅達淡褐色，並不會太深，因此，在法國也被稱為白松露。夏季松露的香味比較清淡，接近白蘿蔔和熟玉米的氣味，但口感比較粗鬆無味。香味比黑松露還不耐熱，只能生食。法國、西班牙、義大利及德國等地都有生產，每年估計有10,000到15,000公斤的產量。價格還算便宜，產地價每公斤約100歐元，產期在5月到9月。

・麝香松露

　　麝香松露和黑松露一樣也是冬季才有，所以也稱為冬季松露。外型非常類似黑松露，但周皮比較脆弱容易剝落。內部顏色灰黑或深褐色，比黑松露淡一點，一樣有白色的紋路，但通常比黑松露粗。

　　麝香松露的氣味很重，但因常帶有麝香、濕土、腐葉、蒜頭或植物性的刺鼻氣味，算不上細緻，而且吃起來有點苦味，也比黑松露難消化。價格常比夏季松露還便宜，不過因為外形和佩里哥黑松露很像，最常被用來假冒成黑松露，另外，許多松露獵人會用麝香松露來訓練找黑松露的狗。法國、西班牙和義大利產松露的產區也產麝香松露，另外德國和波蘭也都有生產，不過因為市場價值不高，產量也少。

麝香松露外表和黑松露很類似，常被冒充成黑松露。

· 布根地松露

　　布根地松露（Tuber uncinatum）雖然常被稱為灰松露，但是當它完全成熟時外部的顏色其實也是黑色的，內部呈牛奶巧克力的顏色，並且滿布著細小的白色子實層紋路。在所有松露中，較適合寒冷的氣候，所以產區也較偏北，以布根地和香檳區的石灰質地為主，比較喜好生長在落葉覆蓋的土地上。從十四世紀到十六世紀初，是法國北部最常食用的松露。布根地松露的成熟期比較早，9月中到12月是主要產季。香味重，但不會太刺鼻，具有品嘗的價值，成熟時帶麝香、榛果與腐葉的氣味，還稱得上美味，所以價格相當高，產地價每公斤約200到250歐元。

· 中國松露

　　外形和佩里哥黑松露非常相像，只是外皮的鱗片較小，而且內部的白色條紋比較細密。主要長在松樹的鬚根，這也是「松」露中文名的由來，採收全靠意外尋獲，並沒有用狗或豬來尋找。中國松露（Tuber indicum）又稱為印度塊菌，在中國數十種松露品種中最具實用價值，聞起來香味較淡，吃起來更是沒有味道，主要產自四川和雲南一帶，切片的松露乾在當地被當作香料和藥材使用。季節和法國黑松露類似，主要在冬季。為了防止假冒，目前法國已經全面禁止進口，價格便宜，因為外形近似黑松露，在台灣西餐廳偶有被當成法國黑松露使用的例子。

· 台灣松露

　　松露屬溫帶蕈菇，台灣高海拔的山區也有松露的生長，屬台灣特有的亞種，稱台灣松露（Tuber formosanum），外形和佩里哥黑松露及中國松露非常接近，不過香味不多，由台大森林系胡弘道教授最早發現，冬天產於台灣中部海拔1,000多公尺的青剛櫟樹下根部5到20公分深的石灰質土壤中，並且在台大實驗林中以松露孢子成功繁殖於青剛櫟根部。目前還沒有進行商業種植與銷售。

·鐵飛茲松露

　　產於北非與中東的鐵飛茲松露是最早被發現和食用的松露，而且受到蘇美人、希臘人和羅馬人的喜愛。鐵飛茲松露的外形和義大利的白松露很接近，呈淡乳黃色，周皮細滑，內部雪白。不過，鐵飛茲松露並沒有被分在塊菌屬下，而是Terfezia屬。鐵飛茲松露主要生長在沙漠裡的沙地，或是松樹林的地下，在法國西南部也偶爾出現在橡樹的根上，產季為3月到7月。

　　這種松露沒有太多的香味，口感比較像一般的蕈菇，並沒有那麼密實。在北非，不論晒成乾或是新鮮松露，都很少生食，通常水煮後加上濃重的香料才食用，現在伊朗、北非及以色列的料理中還可經常看到。產量大，價格相當便宜。

·畢昂切多松露

　　顏色乳黃、表皮滑細，類似阿爾巴白松露，但是體型通常較小，而且顏色偏淡像鐵飛茲松露，有時比較深偏淡赭紅色，內部則是肉色和白色相間的紋路。畢昂切多松露（Tuber borchi/Bianchetto）和白松露一樣也帶有蒜頭味，但是味道較淡，產季主要在2、3月間，所以又稱為3月松露（bianchetto marzuolo）。因為是最接近阿爾巴白松露的品種，因此價格也相當昂貴，甚至超過黑松露。在歐洲主要產於義大利，但美國、澳洲及中國也都有發現的紀錄，是一個分佈相當廣的松露品種。

·紅松露

　　因為周皮顏色呈現赭紅色而被稱為紅松露（Tuber rufum Pico），和白松露一樣外皮細滑，不過體型比較小，常常只有高爾夫球大小。內部成熟時帶一點灰紫色，參雜著白色的紋路。主要在秋天成熟，不過，一年四季都有可能出現。雖然可食用，而且有些怡人的乾果香，但因為很難消化，所以少被採食。反而常被用來訓練松露犬，不具商業價值。分布的範圍相當廣闊，包括南歐、北非和美洲都有生長。

感謝 Acknowledgments

本書作者要特別感謝所有接受採訪的專業人士與企業，並且感謝來自下列各單位與個人的協助，讓本書得以順利完成。
（The author of this book would like to express his gratitude to all of those people and institutions who helped to realize this book.）

摩典那傳統巴薩米克醋同業公會（Consorzio Produttori Aceto Balsamico Tradizionale di Modéna, Italia.）／布烈斯雞同業工會（Le Comite Interprofessionnel de la Volaille de Bresse, France.）／給宏德製鹽合作社（Les Salines de Guérande, France.）／吾耶瓦伊比利生火腿同業公會（El Consejo Regulador de Jamón de Huelva, España.）／帕馬森乾酪同業公會（Consorzio del Formaggio Parmigiano-Reggiano, Italia.）／侯克霍藍黴乳酪同業公會（Confederation Generale des Producteurs de Lait de Brebis et des Industriels de Roquefort, France.）／法國貝類養殖同業公會布列塔尼南區分會（C.N.C. Section Regionale Conchylicole Bretagne Sud, France.）／法國Midi-Pyrenees區松露協會（Federation des trufficulteurs de Midi-Pyrenées, France.）／義大利阿爾巴旅遊服務中心（Ente Turismo Alba Bra Langhe Roero, Italia.）／法國食品協會（SOPEXA Taiwan.）／謝忠道、梁鏡蓉

Acetaia Malpighi, Modena, Italia./Alessandro Bonino, Tartufi Morra, Alba, Italia./Claudio Biancardi, Acetaia Villa Bianca, Italia./Consorteria dell' Aceto Balsamico Tradizionale di Spilamberto, Italia/Coop Casearia Castelnovese, Castelnuovo, Italia./Charles Jaeggi, Saint Usuge, France./Erika Barbieri, Acetaia del Cristo, Modena, Italia./Federica Rondelli, Consorzio del Formaggio Parmigiano-Reggiano, Modena, Italia./Franciscoy Gregorio Alcaide Cera, Cortegana, España./Jean-Jacques Cadoret, Les Huîtres Jaques Cadoret, Riec-sur-Belon./Jean-Pierre Laur, Gabriel Coulet, Roquefort, France./Jose Antonio Pavon Dominguez, Jamon de Huelva, Jabugo, España./Lara Vecchi, Bompana, San Donnino, Italia./Laurence Guibbal , Société, Roquefort, France./Lino Balzarini, Montorsi, Cittanova, Italia./Mariangela Montanari, La Cá dal Nôn, Vignola, Italia. /Marie-Paule Meunier, C.I.V.B., Louhans, France. Mario Gambigliani Zoccoli, Modena, Italia./Marisa Barbieri, Modena, Italia./Papillon, Roquefort, France. /Pietro Prandini, San Prospero, Italia./Robert Glandiéres, Sainte Eulalie de Cernon, France./Sanchez Romero Carvajal, Jabugo, España./Simone Caselli, San Vito di Spilamberto, Italia./Unigrana, Modena, Italia./Villa di Corlo, Baggiovara, Italia.

歐陸傳奇食材

巴薩米克醋、貝隆生蠔、布烈斯雞、鹽之花、伊比利生火腿、帕馬森乾酪、藍黴乳酪、黑松露、白松露

作者／林裕森｜攝影／林裕森、謝忠道等｜總編輯／王秀婷｜主編／洪淑暖｜版權／張成慧｜行銷業務／黃明雪｜發行人／涂玉雲｜出版／積木文化｜104台北市民生東路二段141號5樓｜官方部落格：http://cubepress.com.tw/｜電話：(02) 2500-7696｜傳真：(02) 2500-1953｜讀者服務信箱：service_cube@hmg.com.tw｜發行／英屬蓋曼群島商家庭傳媒股份有限公司城邦分公司｜台北市民生東路二段141號11樓｜讀者服務專線：(02)25007718-9｜24小時傳真專線：(02)25001990-1｜服務時間：週一至週五上午09:30-12:00、下午13:30-17:00｜郵撥：19863813｜戶名：書虫股份有限公司｜網站：城邦讀書花園｜網址：www.cite.com.tw｜香港發行所／城邦（香港）出版集團有限公司｜香港灣仔駱克道193號東超商業中心1樓｜電話：852-25086231｜傳真：852-25789337｜電子信箱：hkcite@biznetvigator.com｜馬新發行所／城邦（馬新）出版集團 Cite (M) Sdn Bhd｜41, Jalan Radin Anum, Bandar Baru Sri Petaling, 57000 Kuala Lumpur, Malaysia.｜電話：603-90578822｜傳真：603-90576622｜email: cite@cite.com.my｜設計／楊啟巽工作室｜製版印刷／上晴彩色印刷製版有限公司
2019年5月2日 二版三刷｜Printed in Taiwan.｜售價／580元｜版權所有‧翻印必究｜ISBN 978-986-459-081-0

歐陸傳奇食材：巴薩米克醋、貝隆生蠔、布烈斯雞、鹽之花、伊比利生火腿、帕馬森乾酪、藍黴乳酪、黑松露、白松露 / 林裕森著. -- 二版. -- 臺北市：積木文化出版：家庭傳媒城邦分公司發行, 民106.03
　面； 公分. -- (食之華；23) ISBN 978-986-459-081-0(平裝) 1.飲食風俗 2.歐洲

538.784　　106001041

*Nulle
Part
Ailleurs*

Nulle
Part
Ailleurs